BUZZ

© Buzz Editora, 2021
© Janguiê Diniz, José Roberto Marques, Edgar Ueda, 2021

Publisher ANDERSON CAVALCANTE
Editora TAMIRES VON ATZINGEN
Assistente editorial JOÃO LUCAS Z. KOSCE
Preparação AMANDA MOURA
Revisão GABRIELA ZEOTI, LUISA MELLO
Projeto gráfico ESTÚDIO GRIFO
Assistente de design FELIPE REGIS

Dados Internacionais de Catalogação na Publicação (CIP)
de acordo com ISBD

D585p

   O poder da modelagem: o sucesso deixa rastro /
   Janguiê Diniz, José Roberto Marques, Edgar Ueda
   São Paulo: Buzz, 2021
   208 pp.
   ISBN 978-65-89623-72-4

1. Administração. 2. Sucesso. 3. Negócios.
I. Marques, José Roberto. II. Ueda, Edgar. III. Título.

	CDD 650.14
2021-3926	CDU 658.011.4

Elaborado por Odilio Hilario Moreira Junior CRB-8/9949

Índices para catálogo sistemático:
1. Administração: Sucesso 650.14
2. Administração: Sucesso 658.011.4

Todos os direitos reservados à:
Buzz Editora Ltda.
Av. Paulista, 726 – mezanino
CEP: 01310-100 – São Paulo, SP
[55 11] 4171 2317 | 4171 2318
contato@buzzeditora.com.br
www.buzzeditora.com.br

JANGUIÊ DINIZ | JOSÉ ROBERTO MARQUES | EDGAR UEDA

O poder da modelagem

o sucesso deixa rastro

7	Um sucesso que transcende o tempo
9	Apresentação
17	Introdução
19	A modelagem do sucesso
25	As bases da modelagem
29	A PNL e a modelagem
33	Pontos a considerar na modelagem
37	No rastro do sucesso
41	O que devemos modelar
43	Manter uma postura assertiva e construtiva
59	Ter atitudes empreendedoras
75	Cuidar da preparação pessoal e profissional
95	Construir os pilares do seu sucesso
115	Eleger seus motivadores do sucesso
129	Lançar mão de potencializadores do sucesso
145	A necessidade de colocar tudo isso em ação
171	O poder incontestável da modelagem
177	Modelando os autores
201	Agradecimentos

Um sucesso que transcende o tempo

Nosso objetivo é buscar o sucesso. Não apenas uma vitória efêmera, passageira, mas o sucesso no sentido mais amplo da palavra. Algo consistente e duradouro, sólido e replicável, que nos dê a esperança de que não acabará em nós, mas que irá transpor a nossa própria existência.

Estamos falando de um sucesso que transcenda o tempo, que gere uma diferença positiva no mundo e que deixe boas sementes, que seja sempre renovado e deixe rastros. Estamos falando de algo que seja um verdadeiro legado para aqueles que vêm depois de nós. Estamos também nos referindo ao sucesso no sentido mais amplo, que englobe a nossa plenitude pessoal, o sucesso profissional e a nossa contribuição mais concreta para um mundo melhor. Um sucesso efetivo, que nos ajude a cumprir com o nosso propósito de vida.

Sem dúvida, um sucesso dessa magnitude precisa ser construído sobre pilares sólidos, verdadeiros, assertivos e positivos. Por isso, abordamos neste livro uma série de elementos fundamentais para a construção do sucesso nos moldes que propomos.

São muitos os fatores que afetam os nossos resultados e determinam a qualidade do nosso sucesso, seja em que área for, assim como são muitos os elementos com os quais temos de lidar no dia a dia, buscando cumprir o nosso propósito nesta jornada de vida.

Portanto, para facilitar a compreensão de cada um desses fatores, resolvemos apresentá-los considerando seus propósitos específicos, sem a necessidade de qualificar quais elementos são mais ou menos importantes para atingir nossos objetivos. Afinal, cada um deles tem sua importância e, à própria maneira, define a construção do sucesso que procuramos.

Fique à vontade para ler, reler e consultar esta obra na ordem que preferir. Afinal, é você quem decide do que precisa a cada momento da vida para construir o próprio sucesso de maneira que ele possa transcender o tempo.

Apresentação

Janguiê Diniz

"Sucesso" e "vencer na vida" são termos com múltiplas acepções, pois cada indivíduo tem a própria ideia do que eles representam. Temos objetivos diferentes. Para a concretização de todos eles, no entanto, são necessárias habilidades, competências e ferramentas. Uma dessas ferramentas é a modelagem, objeto central deste livro, que escrevo em coautoria com José Roberto Marques e Edgar Ueda – grandes referências como profissionais e a quem tenho a satisfação de chamar de amigos.

O conceito de modelagem é simples: a habilidade ou a atitude de se inspirar em pessoas que são referências em determinado campo de atuação, tomando seus passos como guias. Toda caminhada deixa rastros, e segui-los facilita a vida de quem vem depois.

Trazemos, então, nas próximas páginas, elementos que contribuem para a obtenção do tão falado sucesso, com um enfoque baseado na modelagem de grandes empreendedores brasileiros, que nos emprestam suas visões sobre como conseguir êxito na vida e nos empreendimentos.

Inspirar-se em pessoas que são referência é uma estratégia bastante eficaz e frutífera. Uma grande verdade é que é muito mais fácil, mais barato e menos doloroso aprender com os erros e acertos dos outros do que ter que passar por todo o processo que eles já passaram e, só então, tirar as nossas próprias conclusões. Essas pessoas nos servem como guias, são nossos "mapas do tesouro".

É importante ressaltar, todavia, que cada caminhada é única e, mesmo a modelagem sendo de grande valia, é preciso adequar à nossa realidade o que se aprende dos paradigmas, criando nossa própria trajetória. Nem sempre é possível seguir à risca os passos dos que vieram antes, mas as ideias a serem aproveitadas podem ser as mesmas.

A leitura atenta deste livro trará inúmeros *insights*, ensinamentos e inspirações para a construção de uma carreira mais sólida e bem-sucedida. Não nos cabe o papel profético de querer estabelecer parâmetros rígidos, e sim fazer um grande apanhado daquilo que outros empreendedores, pela larga experiência acumulada em suas jornadas, definem como pontos importantes para o desenvolvimento pessoal e profissional e para o sucesso na vida e nos empreendimentos.

Ficam aqui os meus votos de que esta leitura seja agradável e, sobretudo, proveitosa. Que você possa absorver os conteúdos aqui expostos e aplicá-los em sua trajetória empreendedora. Dessa forma, inspirando-se nos gigantes do empreendedorismo, com toda a certeza você irá muito mais longe. Sucesso!

José Roberto Marques

Em uma das minhas frases que ficaram mais conhecidas, digo que "jamais quis ser exemplo, mas me empenho todos os dias para ser inspiração". Para mim, a diferença entre essas duas situações é que uma pessoa que quer ser exemplo se coloca como ilibada, imaculada e infalível, enquanto quem se coloca como inspiração sabe que até os seus erros e fracassos podem servir como aprendizado para si mesmo e para outras pessoas. É sabendo da importância desse ensinamento que eu, Janguiê e Ueda resolvemos falar sobre como é possível usar nossas inspirações como estratégia para o sucesso.

Modelar alguém é, no meu entendimento, uma forma de usar toda a experiência que já foi acumulada antes de mim. É uma forma de honrar a história de quem já trilhou o caminho que também desejo e busco trilhar. Modelar é a experiência de dizer: "Sua história tem valor; vou usá-la como referência para construir a minha."

Modelar é uma das estratégias para o sucesso, e sucesso não é apenas o equilíbrio financeiro e a fama. Sucesso é, antes de mais nada, usar toda a nossa potência pessoal para alcançar nossos objetivos, sem abrir mão das coisas que nos fazem felizes.

Como sou um empreendedor de sucesso, com relativa evidência na minha área, é comum que as pessoas tenham curiosidade de saber quais foram meus grandes modelos, quais foram as pessoas que modelei para conseguir construir uma empresa tão relevante e com tanto impacto positivo no mundo. Na verdade, foram várias modelagens diferentes. Talvez um dos meus maiores segredos seja este: escolher o melhor de cada pessoa a ser modelada e construir um mosaico de inspiração. Isso contribui, inclusive, para que jamais tenhamos a expectativa de que uma pessoa seja infalível em todas as áreas da vida.

Esse mosaico de modelagem começa com nossos pais e os adultos que estão perto de nós. Depois, os super-heróis e ídolos da TV; os professores, comunicadores e as pessoas que se destacam na área que nos interessa. De cada um, modelamos algo. Toda modelagem é um processo de seleção daquilo que é ou não relevante para nós. Sempre que olhamos o que há de positivo nas nossas inspirações, sem negar que elas também têm pontos a melhorar, tornamos as pessoas menos heroicas e mais humanas.

Passei por três grandes crises financeiras na minha vida e todas elas me desestabilizaram muito. O dinheiro para mim sempre significou segurança, proporcionar conforto à minha família e a possibilidade de ir mais longe com minha missão de vida. Por isso, não ter a segurança financeira mexe demais com a minha estabilidade emocional.

Portanto, quando chegou a pandemia, no ano de 2020, imaginei uma nova crise, como as anteriores que tinha vivido. Porém, com muita estratégia, minha e do meu time, e com os aprendizados sobre a vida financeira, não apenas segurei a empresa durante esse período, como também construí um novo negócio no mundo digital com as formações on-line.

Foi então que percebi como aquelas crises financeiras foram importantes. Se eu não tivesse quebrado todas aquelas três vezes, não teria as reservas que me permitiram dar esse salto extraordinário de evolução em tão pouco tempo. Isso reforça minha ideia de que até as falhas são importantes para modelar as nossas inspirações.

Esta apresentação é para prepará-lo para toda a partilha de conhecimento que fornecemos neste livro. Espero que ele consiga tocar você com a mesma profundidade que nos tocou ao escrevê-lo.

Paz e Luz.

Edgar Ueda

Um dos maiores aprendizados que tive sobre o sucesso foi com minha mãe, filha de boia-fria, que estudou até a quarta série primária, trabalhou na roça e foi empregada doméstica, mas que desenvolveu uma sabedoria sem igual.

Com seu jeito simples de ser, ela sempre me disse que eu tinha dois possíveis caminhos a seguir se quisesse ser alguém na vida. É claro que ela me dizia isso com suas próprias palavras, e compreendi perfeitamente que, para me tornar uma pessoa de sucesso, eu teria duas alternativas.

O primeiro caminho seria por tentativa, erro e acerto. Nesse caso, eu poderia tentar encontrar sozinho um jeito de vencer na vida. Mas isso pode levar dez, vinte, trinta anos ou pode ser que eu nem consiga chegar aonde quero. Esse é um processo menos assertivo, mais doloroso, com menos garantia, mais caro e, com certeza, mais longo.

O segundo caminho seria aprender com quem já fez. Aprender com quem já criou um método, um caminho para chegar ao sucesso, para criar riqueza, construir o seu legado. Esse caminho é mais simples, mais curto, mais assertivo, menos doloroso e mais barato. É só observar o que essas pessoas já fizeram, compreender e aprender em que acertaram e em que erraram, e aplicar isso em minha vida.

E o melhor, ainda nesta segunda opção, é poder aprender com várias pessoas, porque cada uma tem o próprio modelo de estratégia, cada uma tem uma fórmula diferente para chegar ao sucesso. E isso vai enriquecer o nosso aprendizado e nos mostrar mais alternativas interessantes para buscarmos o próprio sucesso.

É claro que a decisão de qual caminho escolher será sempre nossa. Mas precisamos aprender a escolher bem, porque a diferença no resultado será realmente significativa.

Esse conselho de minha mãe ficou cravado na minha mente, e esse conhecimento, fruto da sabedoria de uma mulher simples, me ajudou e continua a ajudar até hoje a colocar em prática o que chamamos, neste livro, de Modelagem. Eu me tornei um obstinado a estudar pessoas de sucesso e aprender com elas. E aprendo não só com pessoas, mas também com empresas de sucesso.

Estudar a mentalidade, as competências e o comportamento das pessoas de sucesso faz toda a diferença. Assim como é muito útil aprender com modelos corporativos eficientes e empresas que se destacam no mundo dos negócios.

Ao longo de mais de vinte anos venho estudando pessoas de sucesso. Sentei à mesa com algumas delas, conversamos, convivi com algumas outras, participei de diversas atividades, de negócios ou de lazer, com tantas dessas pessoas. Em conversas formais ou informais, captei um pouco de sua mentalidade, de seus comportamentos, e percebi quais eram suas principais competências, suas estratégias, suas aspirações, seus ativadores e motivadores. Foram centenas de pessoas ao longo desse tempo e em cada uma delas procurei identificar as características que as levaram ao sucesso.

Agora, juntando essas experiências e aprendizados com toda a bagagem de dois dos meus grandes amigos e parceiros, Janguiê Diniz e José Roberto Marques, decidimos passar para você todas as lições que aprendemos sobre o processo de modelagem do sucesso.

Fizemos o cruzamento de todas essas informações, pegamos tudo o que aprendemos com as pessoas de sucesso que conhecemos e colocamos tudo em uma só estrutura. Fizemos um agrupamento de características, competências, mentalidades, estratégias e inserimos nesta obra, mostrando para você o que essas pessoas de sucesso fizeram, para que você possa também trilhar por esse caminho de sucesso e vencer na vida. Vá em frente, aproveite, porque "o sucesso deixa pistas".

Introdução

Seria impossível falar sobre os elementos que levam ao sucesso, em qualquer que seja a área da vida, sem mencionar Napoleon Hill, autor cujas obras influenciaram e ainda influenciam as pessoas no caminho da realização pessoal e profissional e que ainda está entre os autores de desenvolvimento pessoal mais vendidos no Brasil.

Desde que Hill escreveu sobre a construção do sucesso, com base na experiência vivida pelos maiores e mais bem-sucedidos homens que a história já conheceu, e que ele entrevistou e acompanhou, o tema se tornou mais relevante e se consolidou como parte de um estudo que busca repetir ações que levam pessoas comuns a serem bem-sucedidas, ou seja, modelando – usando como modelos – homens e mulheres que são exemplos de realização.

É sobre isso que estamos falando neste livro, trazendo uma visão que tem o objetivo de complementar, atualizar e colocar em evidência o que se descobriu, desenvolveu e evoluiu no mundo do sucesso, desde aquela época, a partir das ideias modeladas e, então, aplicadas e aprimoradas por centenas de homens e mulheres de sucesso da atualidade.

Estamos falando aqui sobre a modelagem para o sucesso, que, em termos bem simples, significa que podemos "copiar" aquilo de bom que os grandes homens e mulheres bem-sucedidos fizeram e fazem no mundo, e aplicar as mesmas ideias no nosso próprio negócio e também na nossa vida pessoal, criando, assim, um atalho para a própria evolução e para o próprio sucesso.

Para a construção desta obra, conversamos com centenas de empreendedores da nossa atualidade, homens e mulheres de sucesso comprovado. Assim, vamos apresentar a você ideias trazidas para a nossa realidade atual, sobre os elementos que servem de base para levar ao sucesso as pessoas que decidem empreender, seja no âmbito pessoal, social ou profissional.

Aqui você vai encontrar os elementos que consideramos as bases para um sucesso consistente, durável, gratificante e, muito importante, também replicável – para que, no futuro, você também possa se tornar uma pessoa a ser modelada por outros que buscam o sucesso e a realização.

É fundamental entender quais são esses elementos e como eles podem afetar o seu próprio sucesso. Mais importante ainda: é necessário perceber que todas essas características influenciam umas às outras, formando uma verdadeira teia sobre a qual o sucesso é construído. Não basta desenvolver ou cuidar de apenas uma ou outra dessas características e achar que isso será o suficiente. É preciso atuar em todas essas frentes, coordenando e conciliando todas elas, conforme a necessidade de cada momento, para que se possa construir um sucesso consistente e duradouro.

Estude cada um desses elementos e perceba em quais deles você precisará investir mais tempo e energia, para formar uma base consistente e construir o seu próprio sucesso.

A modelagem do sucesso

Modelagem, dizendo de uma forma simples, é um processo de reproduzir a excelência. Olhando para esse ponto com maior profundidade, podemos dizer que a modelagem é um método de observação e compreensão de um indivíduo referencial, a fim de reconstruir em nosso próprio contexto os padrões, técnicas, pensamentos e hábitos que levaram aquela pessoa à excelência em algum campo da vida em que tenhamos interesse.

Em termos práticos, por meio dessa técnica é possível reproduzir, ou seja, "modelar", qualquer comportamento de pessoas de sucesso que nos sejam interessantes, se soubermos quais são seus processos mentais e as ações específicas que estão por trás dos resultados delas.

Mais ainda: com a modelagem podemos chegar ao mesmo resultado de uma pessoa bem-sucedida, talvez até em menor tempo que ela, simplesmente estudando e aplicando à nossa vida as mesmas coisas que aquela pessoa fez para chegar ao sucesso. O que precisamos, para tanto, é estar abertos para aprender, atentos para observar e dispostos a ouvir com atenção o que o outro tem a nos ensinar e, então, colocar tudo isso em prática no nosso dia a dia.

Pensando nesses termos, é interessante observar o que Isaac Newton escreveu: "Se eu vi mais longe, foi por estar sobre ombros de gigantes". Essa é uma frase que expressa claramente a ideia de que é muito melhor aprender o que nos interessa a partir das descobertas anteriores, feitas por outras pessoas.

Essa ideia foi citada por Newton, em 1675, com base em uma antiga metáfora que fala do maior poder de visão disponível para "anões que estejam sobre ombros de gigantes". O que se traduz do seguinte modo: "novas descobertas são mais prováveis a partir de algo já conhecido" – ou seja, é sempre mais útil e proveitoso usar algo já descoberto e consolidado como ponto de partida, do que querer partir sempre do zero.

Esse conceito teve origem no século XII, sendo atribuído a Bernardo de Chartres, filósofo francês. Chartres ressaltou que podemos ver mais longe do que nossos predecessores porque somos levantados e carregados sobre sua estatura gigantesca. O que pode ser entendido é que nosso conhecimento e nossas conquistas tendem a ser maiores e melhores quando nos apoiamos em toda a bagagem de conhecimento que nossos antepassados nos legaram.

De um modo bem simplificado, estamos falando daquela velha máxima que nos diz que não há necessidade de reinventar a roda, uma vez que ela já funciona muito bem e podemos usá-la exatamente como está atualmente desenvolvida. Ou ainda, para que perder tempo tentando fazer ou aprender tudo sozinho, se podemos nos basear nos feitos de pessoas que já tiveram sucesso naquilo que desejamos empreender?

Outro ponto bastante interessante é que, se repararmos bem, uma das atitudes mais comuns do ser humano é exatamente usar o conhecimento de outras pessoas como base para o próprio desenvolvimento. Estamos acostumados a modelar as pessoas, usar os exemplos delas como referência para o que fazemos ou para aprender a fazer algo. A arte de modelar o comportamento de outras pessoas é algo que aprendemos e fazemos naturalmente desde muito cedo. É natural das crianças, por exemplo, olhar para os adultos ao redor, procurando observar tudo o que eles fazem e, aos poucos, passarem também a incorporar seus comportamentos, imitar seus gestos e internalizar suas palavras, expressões e até seus papéis.

Como uma criança aprende a falar? Observando e imitando o adulto. Como um jovem atleta aprende as estratégias que funcionam melhor para seus resultados? Com outro atleta, mais velho, que faz o papel de treinador. O que faz um homem de negócios decidir um caminho para estruturar sua empresa? A observação das atitudes e dos resultados de outro homem de negócios que já tenha seu sucesso consolidado.

Portanto, é lógico concluir que uma das mais importantes fontes da aprendizagem humana é o comportamento que observamos nos outros. Desde os comportamentos mais simples até os mais complexos, estamos constantemente expostos a modelos de atitudes, ações e resultados que podem ser úteis, desde que os observemos atentamente e avaliemos se suas consequências e resultados nos interessam.

Essa é a ideia básica por trás da técnica que hoje conhecemos por "modelagem", que propõe mudar propositadamente um comportamento com base em referenciais já consagrados, para melhorar nossa mentalidade e atingir nossos objetivos de maneira mais direta, gastando menos e tendo ainda como vantagem a segurança da probabilidade menor de errar. A modelagem é, portanto, uma forma não só de reproduzir a excelência alcançada por outras pessoas, mas também de aprimorá-la.

Quando partimos de algo já excelente, nossas chances de crescer para além desses limites aumenta substancialmente. Não estamos exagerando ao afirmar que a excelência estimula uma excelência ainda maior. Esse é o poder incrível que a modelagem confere a quem a pratica.

O ganho também pode vir por meio do tempo economizado para se chegar a um determinado resultado. Em muitos casos, a pessoa pode passar anos numa sequência de tentativas e erros, até encontrar uma maneira específica de usar seus recursos para conseguir um resultado. Mas ela pode começar a modelar as ações de outras pessoas – que podem ter levado anos para serem aperfeiçoadas – e conseguir resultados similares em tempo muito menor do que levou a pessoa cujos resultados se deseja replicar.

Poderíamos enumerar uma quantidade enorme das vantagens da modelagem. Entretanto, vamos relacionar aqui apenas algumas, para evidenciar a importância dessa técnica na vida de cada um de nós:

- a modelagem é uma forma de agir, ou uma estratégia, que acelera o processo de aprendizado;
- ela ajuda a aprender as lições certas, com as pessoas certas, que já atingiram a excelência;
- auxilia a colocar em prática algo valioso, prático – e que realmente dê resultados em bem menos tempo do que alguém que pode ter levado anos para aperfeiçoar essa mesma característica – ou que levaríamos anos para aprender sozinhos;
- é uma maneira de reproduzir com precisão e produtividade toda a excelência que já foi produzida por pessoas de sucesso;
- permite aprender com outras pessoas que conquistaram a excelência o que elas fazem e o que as distingue daquelas que somente sonham com sucesso –

independentemente de a outra pessoa estar ou não disposta a nos ensinar; afinal, a modelagem se baseia principalmente na observação e na compreensão do, digamos, "sucesso alheio".

Na verdade, alcançar o sucesso exige fazer bem mais do que a maioria das pessoas está disposta a fazer. Inspirar-se em quem já chegou lá, como recurso para nos ajudar a traçar nossos caminhos com mais segurança e objetividade, torna-se, portanto, uma estratégia inteligente para aproveitar melhor nossos esforços e investimentos.

Com efeito, quando paramos para analisar, podemos perceber que a maioria das pessoas que têm uma diferença significativa no mundo é composta de exímios modeladores. São indivíduos que dominam a arte de aprender e aplicar tudo que podem, a partir da observação da experiência de outras pessoas que já foram mais longe naquela mesma rota, trilhada em um dado momento.

As bases da modelagem

Uma teoria que ficou conhecida como Aprendizagem por Modelagem foi desenvolvida pelo psicólogo social canadense Albert Bandura, no início da década de 1960, e lançou as bases para a técnica da modelagem.

Bandura defende a ideia de que o ser humano é capaz de aprender por meio da observação do comportamento dos outros, das suas consequências e dos resultados obtidos. E que, além disso, muitos dos nossos comportamentos são estabelecidos a partir da imitação de modelos por nós mesmos escolhidos como referências – o que, em sua visão, não deixa de ser algo bom. "Felizmente, a maior parte do comportamento humano é aprendida por observação, por meio da modelagem de outras pessoas", escreveu o psicólogo.

Bandura afirmou ainda que muitos dos comportamentos que aprendemos, dentro dessa filosofia de modelagem, chegam a nós de forma bem mais rápida do que seria possível se fossem adquiridos por vias normais de ensino.

Na década de 1970, a Aprendizagem por Modelagem se popularizou, apoiando-se na ideia de que é a partir das interações sociais que são aprendidos comportamentos que possibilitam o desenvolvimento de nossas capacidades. Dentro dessa linha de raciocínio, é possível entender que o ser humano é moldado pelo pensamento, pelas regras sociais e principalmente por aquilo que se aprende com os exemplos transmitidos pelos outros.

Nesse enfoque, Bandura ressalta ainda o fato de que a pessoa intervém ativamente no processo de modelagem, na medida em que não se limita a analisar ou a reproduzir de forma exata o modelo que observa, e sim o reproduz a partir da própria interpretação pessoal daquilo que vê e percebe. O que nos dá a certeza de que o aprendizado por modelagem não é algo passivo, mas totalmente ativo, totalmente dependente da iniciativa de quem se propõe a modelar uma pessoa de sucesso. Por essa razão, é possível imaginar que a pessoa que modela alguém de sucesso tem boas condições de até superar os resultados de quem é modelado.

É importante ter claro que o aprendizado por observação e reprodução do modelo também não é um processo automático, que acontece por si mesmo. É preciso decidir pela modelagem e então agir na direção do aprendizado e da incorporação dos novos comportamentos a serem modelados.

Nesse sentido, uma vez decidida a prática da modelagem, e escolhido quem se vai modelar, são necessários quatro elementos de base para que o processo aconteça efetivamente: a atenção, a retenção, a reprodução e a motivação.

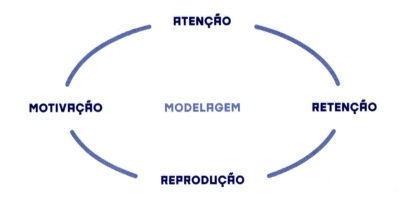

Atenção

De acordo com Bandura, sem atenção não existe modelagem. Se o interessado não prestar a devida atenção às atividades que deseja modelar, a aprendizagem não acontece. É pura perda de tempo.

No processo de colocar atenção em determinado aspecto a ser modelado, automaticamente fazemos uma seleção do que nos interessa reproduzir e passamos a focar naquela direção, o que é muito importante para que a modelagem daquele aspecto aconteça efetivamente.

Retenção

Na sequência desse raciocínio, mesmo existindo a atenção necessária, se não houver retenção, a probabilidade de aproveitamento do que é observado se reduz muito.

No processo de retenção, tudo o que observamos é armazenado no nosso cérebro, de modo organizado, segundo padrões e imagens que nos sejam compreensíveis. Dessa forma, esses padrões e essas imagens ficam à nossa disposição para reprodução dos comportamentos a serem modelados.

Reprodução

A reprodução dos comportamentos observados é a essência de uma modelagem efetiva. De nada adiantaria selecionar uma qualidade a ser modelada, observar atentamente, interiorizar os conceitos e estratégias envolvidas, mas não colocar nada disso em prática.

Para reproduzir efetivamente o conhecimento e o aprendizado retidos em nossa mente, é indispensável agir para promover a efetivação do novo comportamento a ser modelado. Portanto, somando-se uma ação determinada e direcionada aos comportamentos já retidos, a modelagem se torna efetiva.

Motivação

O resultado da modelagem depende ainda, obviamente, do item motivação. Caso o indivíduo não esteja motivado a reproduzir os comportamentos observados, dificilmente conseguirá algum resultado ao procurar modelar alguém de sucesso.

De nada adianta observar com atenção um comportamento e até aprender a usá-lo, se não houver motivação para colocá-lo em prática, para levar adiante a determinação de incorporá-lo em seus hábitos e estratégias. Portanto, tenha clareza do porquê você quer modelar alguém e o quanto isso pode efetivamente fazer diferença na sua vida.

Em resumo, o que estamos ressaltando aqui é que para melhorar os seus resultados em alguma área e ser bem-sucedido nela, a modelagem é uma das maneiras mais poderosas e eficazes que existem de se alcançar esse objetivo. É sempre muito útil e vantajoso reproduzir o comportamento das pessoas ao nosso redor que já possuem os resultados que queremos alcançar.

A PNL e a modelagem

Quando falamos em modelagem, obrigatoriamente temos de lembrar que a Programação Neurolinguística, ou simplesmente PNL, nos deu a chave para uma forma simplificada e mais ágil de conseguir os resultados que buscamos.

Desenvolvida por John Grinder e Richard Bandler, a PNL abriu a nossa compreensão para o fato de que é possível observar e reproduzir o comportamento das pessoas que nos interessam, que admiramos e que já têm os resultados que buscamos.

Uma das pressuposições da PNL é que todos temos a mesma neurologia. Esse é um conceito importante porque nos coloca diante de uma verdade: se alguém no mundo pode fazer alguma coisa, isso significa que nós também temos a capacidade de fazer.

A partir deste ponto, estamos então falando da possibilidade de usar um processo de descobrir o que as pessoas fazem para conseguir um resultado específico, para que possamos fazer igual e obter resultados semelhantes. Em outras palavras, podemos seguir os mesmos passos e ter o mesmo nível de pensamentos e de atitudes de quem já é bem-sucedido e assim alcançar um nível semelhante de sucesso. Essa é a definição de modelagem.

Em resumo, as técnicas da PNL para identificar os padrões de comportamento das pessoas têm como produto ajudar a modelar as capacidades interessantes delas, de tal modo que essas qualidades se tornem passíveis de serem transferidas para outras pessoas.

Basicamente, o objetivo do processo de modelagem é observar o indivíduo modelado e identificar nele os elementos de pensamento e de ação exigidos para produzir os resultados que nos interessa reproduzir. Entretanto, simplesmente observar o comportamento de quem queremos modelar não é suficiente. Precisamos, a partir dessa observação, criar uma espécie de mapa daquele comportamento, que possa ser usado como referência para reproduzir os aspectos que nos interessam.

É importante entender que esse mapa que será levantado nos permite agir de um modo mais eficaz, independentemente do grau de precisão ou de correção. O mapa não precisa ser perfeito, ou muito detalhado, e nem mesmo totalmente correto, pois o que realmente importa é sua utilidade – ou seja, o quanto ele nos mostra os referenciais necessários e que atendam aos nossos propósitos de modelagem.

Um dos grandes ganhos que a PNL nos traz, no que diz respeito à modelagem, é a clareza de entendimento de que *não se trata de saber se você pode conseguir os resultados que outra pessoa conseguiu* – lembre-se de que *se é possível para os outros, é possível para você*. Portanto, *tudo é uma questão de estratégia*, isto é, de descobrir como a outra pessoa consegue os resultados dela e, depois, reproduzir na sua vida o que aquela pessoa faz.

Tudo o que outra pessoa pode fazer, você também pode. É só modelar como ela dirige a própria vida e busca seus resultados. Sem dúvida, alguns comportamentos e resultados são mais complexos e, por isso mesmo, podem levar mais tempo para serem modelados e duplicados. No entanto, com a determinação necessária, você conseguirá realizar o que deseja.

Pontos a considerar na modelagem

O primeiro ponto que deve ser avaliado quando se pensa em modelagem é que a opção por quem queremos modelar é sempre particular – essa é uma escolha e uma decisão individuais.

As pessoas tendem a imitar as figuras que são importantes para elas; isso é um fato que não podemos esquecer. Entretanto, embora possamos modelar qualquer pessoa, em princípio, é bom lembrar também que nem toda a modelagem nos convém.

Antes de tudo, devemos ter certeza de que o que – ou quem – queremos modelar seja algo de valorizado por nós, que realmente valha a pena ser reproduzido. Quando falamos em valor, precisamos pensar não só em nós, mas também em todos os que eventualmente sejam afetados por nossas ações e resultados. A pergunta a ser respondida aqui é: "Será que modelar aquela pessoa – ou aquele comportamento – é uma boa opção?". Essa é uma resposta em que se deve pensar cuidadosamente no momento em que avaliamos a possibilidade de modelar alguém.

Resolvida esta questão, existe outro ponto a ser considerado: a modelagem da excelência se beneficia, sem dúvida, da modelagem da crença. Todo nosso comportamento se origina a partir de nossas crenças. Por isso, a modelagem bem-feita requer levar em conta as crenças da outra pessoa que queremos usar como referencial.

Sendo assim, ao modelar as pessoas, será muito útil perceber as crenças específicas que as levam ao sucesso, além de descobrir como elas enxergam a própria experiência no mundo. Se conseguirmos reproduzir as mesmas mensagens mentais que a pessoa que modelamos provavelmente desenvolve, poderemos conseguir resultados semelhantes aos dela e com muito mais assertividade.

É claro que existem diferentes tipos de situações que podemos modelar e que algumas delas levam mais tempo do que as outras. E também devemos considerar que nem toda a informação que precisamos sobre a pessoa modelada estará disponível e clara, à nossa vista. Porém, é importante ter em mente que, com paciência e determinação, é possível modelar inclusive boa parte das crenças das pessoas mais bem-sucedidas que existem na face da Terra.

Outro ponto que precisa ser considerado diz respeito aos resultados que obtemos a partir de um processo de modelagem. O psicólogo Albert Bandura defende que as ações que geram consequências positivas tendem a manter-se, enquanto as que geram consequências negativas tendem a desaparecer. Portanto, é importante buscar sempre bons valores e objetivos benévolos quando estamos em meio a um processo de modelagem – é isso que efetivamente fará uma diferença positiva na nossa vida.

Ressaltamos ainda que, em toda e qualquer modelagem, as chances de resultados mais satisfatórios serão maiores – e o comportamento por imitação poderá ser reforçado – se a pessoa que imita tem admiração e respeito pela pessoa imitada. Portanto, recomenda-se procurar, para serem nossos modelos, pessoas que tenham talentos e comportamentos que admiramos e que gostaríamos de ter, pessoas que ajam de acordo com os princípios que valorizamos.

Ainda em relação ao modelo a ser adotado, para que seja merecedor da atenção das pessoas que possam vir a seguir seus passos, ele deverá apresentar algumas características fundamentais, tais como: ter carisma e prestígio, ser dono de condutas apropriadas e simples, ter semelhanças com a pessoa que vai imitá-lo, ser dono de resultados que tenham verdadeiro valor, não só para ele mesmo, mas também para o mundo à sua volta.

Ao modelar alguém, é importante prestar atenção também à sua linguagem corporal, à sua postura enquanto trabalha em busca de seus objetivos. Procurar modelar também o comportamento físico da pessoa que usamos como referência aumenta muito a sintonia com ela e produz resultados muito mais surpreendentes.

No rastro do sucesso

É bastante claro que a modelagem nos ajuda a poupar investimentos, energia e tempo. Tudo bem que agir na tentativa e erro também faz parte de um processo de evolução. É algo até mesmo natural. Porém, nesta modalidade de aprendizado, desperdiçamos uma quantidade enorme de recursos, muitas vezes sem a menor necessidade.

Quando aprendemos com o que as pessoas bem-sucedidas já fizeram e comprovaram que funciona, saímos com uma enorme vantagem de ação e de obtenção de resultados, algo muito desejado em um mundo altamente competitivo e dinâmico como o de hoje. Portanto, aprenda com quem já fez e sabe o que faz.

Fábio Coelho, empresário com presença recorrente na lista da revista *Forbes* dos melhores CEOs do Brasil, e um dos grandes nomes a serem modelados no país, declarou em nossas conversas: "Eu costumo olhar todas as pessoas com quem interajo com um olhar de que sempre tem alguma coisa de boa naquela pessoa, algo que posso utilizar como exemplo para o meu aprendizado".

Fábio nos contou que começou a construir esse comportamento quando estava com 18 anos e que, com o tempo, passou a compreender que o mais importante é procurar entender como cada pessoa pensa, age e toma decisões –

o que o levou a sempre buscar esse tipo de aprendizado a partir da observação das pessoas que tinham o sucesso que ele próprio buscava.

Com esse entendimento, passou a compreender que as melhores referências que temos é aquilo que a gente consegue extrair de bom de cada indivíduo com quem convivemos ou que admiramos. Que cada interação que a gente tem pode trazer uma coisa boa, uma inspiração, um exemplo, um modelo que poderá ser útil na nossa vida.

Fábio disse ainda que um conselho que dá para todos aqueles que buscam o sucesso é que passem a observar as pessoas com muita atenção, sempre pela ótica do aprendizado, e que se perguntem o que pode ser extraído de bom de cada pessoa com quem interagem.

O que queremos destacar aqui é a ideia básica da modelagem, isto é, que faz todo o sentido procurar aprender com quem já passou pelo que possivelmente iremos passar; isso é fundamental para evitar os tão temidos erros de principiantes. Quando optamos pela modelagem, além da inspiração e da motivação para executar nossas próprias ações, ainda podemos perceber os enganos que as pessoas experientes já cometeram, o que nos ajudará a evitar cometer os mesmos erros.

A experiência daqueles que modelamos nos mostra aquilo que não se ensina nos bancos de escola e em cursos específicos, mas que só pode ser aprendido com a prática e a vivência diante de fatos reais do cotidiano.

Outro grande exemplo brasileiro é o do cantor e empreendedor Wesley Safadão, que além da carreira artística investe também em áreas como entretenimento, moda e gastronomia. O interessante é que muitas vezes nem percebemos o quanto de empreendedorismo e iniciativa empresarial pode haver por trás de uma determinada atividade, como a música ou as artes. E é exatamente no mundo da música que encontramos esse outro exemplo importante de modelagem.

Wesley nos contou como é para ele esse processo de construção do sucesso: "Uma coisa em que acredito muito e que tenho certeza que funciona é desenvolver o hábito de se espelhar nos melhores. Eu sempre busquei observar os pontos positivos das pessoas que eram referência para mim. Juntava tudo e no final colocava a minha forma, o meu jeito, o meu DNA. O empreendedor precisa fazer mapeamentos das pessoas que são referência para ele. Isso cria um modelo de aprendizado imbatível, pois é possível observar os erros que foram cometidos e o que precisou ser feito para dar a volta por cima. Tudo isso amplia o repertório e faz a mente se expandir para que novas ideias cheguem". Isso é modelagem.

Sem dúvida, trabalhar com a modelagem das estratégias de outras pessoas nos dá uma visão mais ampla e uma compreensão mais profunda sobre como alcançar a excelência. Nesse processo, é possível obter conhecimento sobre o comportamento, as crenças, o estado da mente e as experiências que compõem a jornada de uma pessoa que conseguiu manifestar o seu melhor desempenho. Portanto, sugerimos aqui uma receita básica para você fazer uma boa modelagem:

- escolha alguém que seja para você um modelo de sucesso;
- examine a história de sua ascensão ao topo e descubra como aquela pessoa chegou onde está hoje;
- analise que tipos de obstáculos e contratempos ela enfrentou e como os superou;
- aprenda quais são as filosofias que sustentam sua vida e seu trabalho;

- finalmente, use essas informações para construir um caminho que espelhe o dela, e então você terá maiores chances de ter sucesso.

Figurando como uma forma de facilitar e acelerar as conquistas profissionais das pessoas, a modelagem é tida como uma inspiração motivacional para trilharmos com mais assertividade o caminho do sucesso e do êxito.

Na prática, é sempre possível aprender por experiência própria, calcada no método de tentativa e erro, mas convém acelerar o processo de aprendizado de maneira incomensurável, modelando o sucesso. Diante desse fato, é simples afirmar que se inspirar nos melhores é sempre uma sábia escolha e um ótimo incentivo, seja lá qual for o seu objetivo. Parafraseando Isaac Newton, é possível enxergar mais longe, e realizar mais, quando nos colocamos sobre os ombros de gigantes.

Por fim, vale sinalizar que a modelagem é uma técnica que pode ser aplicada em qualquer área da vida e é especialmente importante saber como se beneficiar dela.

O que devemos modelar

Este livro foi construído com base em lições e exemplos reais de pessoas que já possuem uma trilha de vida muito sólida e bem-sucedida, marcada por muitos desafios, lutas, erros, aprendizados e resultados. Pessoas que têm servido de modelos para muitas outras que estão em busca do sucesso.

Com foco nessa experiência acumulada e disseminada por esses muitos empreendedores, trataremos aqui dos principais elementos que comprovadamente contribuem para a obtenção do sucesso, em qualquer que seja a área.

Na sequência, vamos apresentar aqueles fatores que consideramos os principais entre os que compõem um sucesso pleno, sólido e duradouro, tanto na vida pessoal quanto no campo profissional, ou mesmo no âmbito social, no conjunto de atividades voluntárias desenvolvidas em favor da sociedade, tudo para que você possa começar a se inspirar e decidir também empreender a busca pela realização dos seus sonhos.

Todos esses são elementos dignos de serem modelados, usando-se homens e mulheres que venceram na vida como referências para construir a sua própria escalada vitoriosa. Portanto, você pode usar este livro como uma proposta para a prática da modelagem, mais do que uma mera leitura informativa.

Seu conteúdo, além da contribuição pessoal de cada autor com base em nossa própria experiência empresarial e de vida, está repleto de exemplos vividos e disseminados por pessoas que conhecemos, com quem convivemos e que, de forma direta ou indireta, participaram desta obra. Pessoas comprovadamente bem-sucedidas, que consideram o sucesso como uma situação de bem-estar profundo, muito além do que o simples ponto de vista profissional.

Os diversos temas aqui apresentados podem ser estudados de maneira independente entre si, e você pode ficar à vontade para, se desejar, deter-se por mais tempo naqueles itens que mais precisar modelar. Afinal, só você tem o poder de decidir em que ordem e em que profundidade deseja ou precisa estudar cada um deles.

Manter uma postura assertiva e construtiva

Uma postura assertiva e construtiva é fundamental para conquistar o sucesso pleno, sólido e duradouro e, portanto, é uma característica a ser modelada a partir daquelas pessoas que já atingiram o sucesso que nós mesmos buscamos.

Pessoas assertivas e construtivas são objetivas, transparentes, seguras de si. Costumam ser bastante claras e têm objetivos bem definidos. Elas mostram-se mais confiantes quanto ao que falam e defendem.

Ser assertivo e ter espírito construtivo é ser organizado, criador de recursos e estimulador de ações que levem efetivamente aos resultados almejados. Uma postura assertiva e construtiva é favorecida quando são desenvolvidas certas qualidades, tais como as que apresentamos a seguir.

A importância da crença positiva

Roy T. Bennett, escritor que fala sobre o poder dos pensamentos positivos e da criatividade na construção do sucesso, escreveu: "Acredite em seu potencial infinito. Suas únicas limitações são aquelas que você impõe a si mesmo".

Sem dúvida, a busca pelo sucesso exige acreditar em nós mesmos e naquilo que estamos buscando. Ao mesmo tempo, a própria busca gera e reforça a nossa crença, na medida em que conquistamos vitórias, mesmo que pequenas.

O segredo está em começar, em ter um mínimo de crença para iniciar a busca e começar a colecionar vitórias, mesmo que pequenas, e que estejam entrelaçadas com alguns erros e fracassos – afinal, os fracassos são apenas algumas das pedras na pavimentação de um sucesso duradouro.

Embora nem sempre seja simples ser otimista e enxergar bons resultados, principalmente quando se está diante de situações desafiadoras, quando se trata de ter sucesso e prosperidade, o que mais precisamos é procurar desenvolver uma crença forte naquilo que fazemos.

Como disse o autor norte-americano Napoleon Hill, todas as pessoas de sucesso têm uma crença e uma fé inabaláveis de que um dia chegarão lá. É preciso acreditar em si mesmo, nas suas habilidades, no seu propósito, se você quiser realmente ser bem-sucedido.

No caminho do sucesso sempre haverá pessoas que irão lhe dizer que você não vai conseguir, tentando destruir seus sonhos. Porém, nada disso o fará esmorecer se você acreditar no próprio potencial. Nada fará com que você desista dos seus sonhos se você acreditar e confiar plenamente no seu poder de realização.

Acreditar em seu potencial e em seus propósitos lhe trará a certeza de que pode transformar sonhos em realidade e, portanto, vai estimulá-lo a fazer o que tem que ser feito. Os sonhos trazem as possibilidades e as oportunidades, porém é preciso acreditar e investir neles para que se realizem.

Um excelente exemplo de que devemos acreditar em nós mesmos é Ricardo Bellino, empresário brasileiro a ser modelado por quem está buscando o sucesso. Além de ter a ousadia como uma das características mais pulsantes em sua vida, é entusiasta da crença positiva, o que o faz afirmar categoricamente que não existe o impossível.

Ele foi o responsável pela chegada da Elite Models no Brasil, foi sócio do megaempresário Donald Trump, e é autor dos livros *O poder das ideias*, *Sopa de pedra*, *3 minutos para o sucesso*, *Midas e Sadim* e *Escola da vida*.

Bellino nos disse que o que o motiva e desperta sentimento de superação é a maneira como lida com seus sonhos, que tudo na vida começa com uma visão, um sonho, que lhe dá o combustível para desenvolver seus projetos. Já a coragem e o atrevimento de acreditar que tudo pode ser realizado fazem com que ele esteja sempre buscando novos desafios e colecionando sucessos.

Um conselho que Ricardo faz questão de passar para as pessoas é nunca deixar de acreditar na realização dos próprios sonhos. Que é preciso acreditar naquilo que a gente busca e deseja com convicção suficiente para quebrar paradigmas e fazer com que as barreiras e as dificuldades pareçam pequenas.

Aos 38 anos, Bellino encarou seu maior desafio: vender uma ideia de negócio ao bilionário Donald Trump, em uma reunião que deveria durar apenas três minutos. Por acreditar que teria sucesso, ele soube como dar a volta por cima e transformou essa oportunidade em um grande negócio.

Quando Donald Trump deu a ele apenas três minutos para explanar as suas ideias, Ricardo refez sua estratégia e, acreditando na proposta que tinha a fazer para o milionário, percebeu que mais importante do que apresentar respostas certas, seria fazer as perguntas certas. A partir daí, Trump se interessou e eles estenderam o encontro. E Bellino saiu de lá com um excelente negócio fechado.

Ricardo prega que é preciso investir no autodesenvolvimento para criar e fortalecer nossas crenças positivas. Porque é somente acreditando firmemente que somos capazes de realizar algo que efetivamente conseguimos superar as barreiras e chegar ao sucesso desejado.

O ponto crucial desta nossa conversa é responder à pergunta: "Você ainda tem dificuldades de acreditar em si mesmo?" Se for esse o caso, procure alguém de sucesso, que você admire e respeite, e modele esse aspecto da crença positiva do comportamento dessa pessoa. Modelar aquilo em que temos mais dificuldades, em geral, nos torna mais confiantes e assertivos.

Você entende que suas crenças o têm ajudado a prosperar, ou precisa adotar novas crenças mais positivas?

Manter a determinação

Vince Lombardi, treinador campeão de futebol americano, costumava dizer que "Vencedores nunca desistem e desistentes nunca vencem". A determinação é o que nos leva à persistência, o que nos mantém no caminho que conduz ao sucesso.

Quando vemos um negócio bem-sucedido, raramente imaginamos as dificuldades pelas quais o empreendedor teve que passar até alcançar o sucesso – e raramente nos damos conta de que essa é uma das poucas exceções em um universo de tantos negócios que são iniciados, mas que não têm continuidade.

Como estamos falando de modelar boas pessoas e bons resultados, citamos aqui mais um excelente exemplo de sucesso, que pode bem ser usado como referencial para a modelagem dessa característica de que estamos falando: a determinação.

Geraldo Rufino, fundador e presidente do conselho da JR Diesel, a maior empresa da América Latina em reciclagem e desmontagem de veículos, quando criança foi catador de lixo e ensacador de carvão. Ele tinha tudo para crescer pelas ruas, sem rumo, e talvez engrossar as estatísticas de pessoas que vivem sob condições extremamente frágeis, social e financeiramente. Mas sua determinação e sua capacidade de superação o levaram por outro caminho, o caminho do sucesso.

Rufino soube tirar proveito daquela realidade em que vivia, mesmo sendo tão vulnerável, e transformou-se em um empreendedor, começando sua jornada muito cedo, ainda criança. Transformou-se no dono de uma empresa que é referência em seu setor e fatura dezenas de milhões de reais por ano.

Quando perguntado sobre como conseguiu superar tantas adversidades, construir uma empresa de renome e fazer tanta gente feliz, Rufino responde dizendo que a superação e a determinação sempre estiveram presentes em sua vida: "Eu aprendi muito cedo a me fortalecer nos meus valores. Desde pequenininho, minha mãe me ensinou a ter uma forte referência de família e, em seguida, a ter bons valores para me guiar".

De fato, dono de valores muito fortes e positivos, Rufino demonstra muita gratidão por tudo, afirma que a superação e a determinação começam exatamente a partir do agradecimento pelo que temos. "Quando você tem gratidão pelo que tem, fica muito mais fácil superar o que for preciso no dia a dia", completa.

Hoje em dia é muito comum ver negócios fecharem em um prazo de tempo bem curto, muitas vezes logo após a abertura. Isso mostra que as pessoas normalmente não estão preparadas para essa empreitada. Não têm a determinação necessária para levar adiante a busca pela realização de um sonho. Por isso mesmo, Geraldo Rufino tem sido um exemplo claro de determinação, replicado por pessoas que estão construindo uma carreira de sucesso.

Quando você planeja ser dono do próprio negócio, além de esperar pelo sucesso é importante estar preparado também para os muitos desafios e dificuldades que certamente farão parte da sua jornada. Por maior que seja o seu sonho e a sua vontade de vencer, por mais que você ambicione chegar ao topo e vestir os louros da vitória, os fracassos também são parte do processo de construir um negócio e de se tornar um empreendedor de sucesso. É nesse aspecto que a determinação se torna um elemento importante para se manter na batalha, até encontrar uma forma de se beneficiar dos ganhos que todo fracasso sempre traz e transformar essas lições em pilares para apoiar o seu sucesso.

Ser determinado é ter a certeza íntima do próprio poder de realização, é ter um direcionamento e metas claras e definidas. É possuir a convicção total de que irá alcançar cada uma delas. Determinação tem a ver com a vontade férrea para realizar aquilo a que você se propôs. É ter o desejo inabalável de atingir seus objetivos e criar a motivação necessária para se manter na atividade certa pelo tempo que for preciso. O grande Tony Robbins definiu isso com muita propriedade: "Determinação é o despertar da vontade humana".

Um empreendedor determinado não se deixa abalar pelos desafios; ele os enfrenta com obstinação, luta, faz sacrifícios, muda de planos, ajusta ou refaz estratégias, procura ter um entendimento mais profundo de seus erros e, acima de tudo, continua focado nos resultados que deseja alcançar.

Como consequência, desenvolve caráter, confiança, melhora a criatividade, aumenta a resiliência, amplia sua visão e se move cada vez mais para perto dos seus sonhos.

Infelizmente, várias pessoas desistem cedo demais daquilo que sonham realizar. Muitas vezes o sucesso está ali, logo depois do segundo, do terceiro, ou do quarto desafio, mas se não houver determinação e persistência para seguir em frente, também não haverá possibilidade de sucesso.

Determinação e persistência são duas palavras-chave que movem os empreendedores de sucesso e que não os deixam desanimar ou desistir, mesmo nos momentos de maior adversidade.

Você é determinado o suficiente para não se deixar abalar pelos desafios na jornada para o sucesso?

O poder do otimismo

O linguista e filósofo Noam Chomsky, considerado "o pai da linguística moderna", afirmou que "o otimismo é uma estratégia para tornar o futuro melhor. Porque, a menos que você acredite que o futuro possa ser melhor, é improvável que dê um passo à frente e assuma a responsabilidade por torná-lo efetivamente melhor".

Na verdade, se olharmos com cuidado à nossa volta, é bem difícil encontrar um pessimista bem-sucedido. Para ter sucesso, você vai ter que cultivar o otimismo, uma das características mais marcantes do empreendedor que atinge os próprios objetivos.

Também é preciso compreender e aceitar que ser otimista dá trabalho. De acordo com o filósofo Mário Sérgio Cortella, concordando com o economista e empreendedor Jorge Paulo Lemann, o otimismo requer esforço, porque para ser otimista você tem que trabalhar, tem que estudar, tem que lutar, tem que levantar cedo, enquanto o pessimista não precisa fazer nada, a não ser ficar pensando no que mais pode dar errado na vida dele.

A propósito de Jorge Paulo Lemann, ele é um dos adeptos do otimismo e uma das nossas principais referências de empreendedores bem-sucedidos. Uma de suas frases prediletas é: "Sonhar grande dá o mesmo trabalho que sonhar pequeno" – o que mostra muito positivismo sobre pensar no futuro.

Se você é empreendedor, ou pretende ser, o que basicamente significa ser um investidor, e se também tem interesse no ramo da educação e faz planos ambiciosos de expandir sua atuação no mercado e criar uma grande fortuna, um excelente modelo a ser reproduzido, sem dúvida alguma, é o do empresário Jorge Paulo Lemann, comprovadamente um dos maiores exemplos de sucesso da atualidade.

Lemann é uma ótima referência para se modelar, pois tem um lado empreendedor espetacular, sempre sonha grande e realiza maior ainda. Ergueu um império no capitalismo mundial, investiu em megaempresas, comprou redes de empresas multinacionais e, além de tudo isso, é um entusiasta da educação e idealizador de diversas entidades filantrópicas.

Olhando com otimismo para todas as situações, mesmo as mais desfavoráveis, Lemann tira de seus eventuais fracassos lições importantes, que usa para aprimorar seus empreendimentos. Sem dúvida, um modo de pensar e agir que favorece uma avaliação criteriosa e positiva do dia a dia de um empreendedor.

É importante perceber também que Lemann nos apresenta uma visão mais poderosa sobre ser otimista, ao defender que o otimismo é necessário e fundamental, mas deve ser embasado em outras habilidades que nos permitam caminhar com assertividade pela jornada do empreendedorismo. Nesse aspecto, uma das lições que ele nos apresenta se resume à consciência de que é importante assumir riscos, mas também é preciso se preparar para isso. É preciso acreditar que podemos realizar o que queremos, mas também é preciso se preparar para fazer acontecer. Conclusão: o caminho do sucesso implica otimismo com responsabilidade.

Todos os dias, como empreendedor, você vai encontrar problemas nos negócios e caso sinta que não vai conseguir resolvê-los, a empresa pode afundar. Por isso, é bom sempre manter o ânimo ao olhar para o futuro. É preciso cultivar e potencializar o otimismo, a positividade e a obstinação, pois são eles que estimulam a eficiência, a resiliência e a produtividade e geram melhores resultados.

Os otimistas nunca se cansam nem se dão por vencidos. Eles são implacáveis e nunca desistem. O que é muito positivo, porque no mundo dos negócios são inúmeras as dificuldades que um empreendedor enfrenta para conseguir fazer o negócio dar certo.

É nas adversidades que o otimismo e a positividade fazem a verdadeira diferença. Por isso é tão importante olhar para o futuro de maneira otimista, em especial quando tudo estiver dando errado, quando o mundo estiver desmoronando ao seu redor.

Mesmo no pior cenário, é preciso procurar motivadores para nos mantermos com a expectativa elevada e a energia produtiva. E esses motivadores podem estar justamente na prática da modelagem, no fato de modelarmos uma pessoa otimista, que já tenha trilhado com sucesso o caminho que estamos percorrendo. São essas pessoas que, graças ao otimismo fundamentado em atitudes e ações positivas, conseguiram transformar seus sonhos em realidade e hoje podem nos servir de modelo.

Entretanto, cabe aqui um alerta: não é certo considerar que o simples fato de se manter otimista basta para que tudo dê certo na vida. O otimismo não é um milagre. O milagre tem que ser você mesmo. É você quem tem que fazer o seu sonho se transformar em realidade. O otimismo apenas facilita as coisas, isto é, com ele você faz sempre melhor do que faria se fosse um pessimista.

Você costuma olhar para frente com otimismo? O quanto isso está influenciando o seu sucesso? O que você pode fazer a esse respeito?

Investir em autoconhecimento

O autoconhecimento é o resultado de um processo em que buscamos investigar quem somos. Quando o objetivo dessa busca é se tornar mestre de si mesmo, o resultado é sempre um ser humano melhor.

Como elemento de conscientização pessoal, o autoconhecimento é a capacidade de olhar para dentro de nós mesmos e descobrir quais são nossas virtudes e defeitos, quais são as nossas forças e fraquezas. Ele pode ser definido como uma percepção clara e precisa de quem realmente somos. A forma como entendemos o que e quem somos é a base sobre a qual nosso desenvolvimento é construído, tanto pessoal quanto profissionalmente.

Entretanto, existem muitos fatores que nos levam a ter uma percepção errada sobre nós mesmos, o que pode limitar nosso progresso e o nosso sucesso. A partir desta constatação, é possível entender o quanto é necessário refletir profundamente sobre nosso verdadeiro potencial – porque esta reflexão pode mudar o rumo da nossa vida, nos trazendo mais satisfação em relação às nossas escolhas e mais resultados em nossas empreitadas.

Ross Stretch, especialista em marketing digital, recomendou: "Você tem que entender seu DNA pessoal. Você precisa conhecer sua marca pessoal e permanecer fiel a ela". E aqui estamos falando de autoconhecimento como fator essencial para o sucesso e que, por isso mesmo, deve ser sempre um dos pontos a serem modelados a partir de pessoas que já chegaram lá.

Entretanto, é importante também entender que ninguém conhece a si mesmo com profundidade se não estiver aberto a aprender com o mundo à sua volta, se não conhecer o que rege o mundo à sua volta. O autoconhecimento nasce no conhecimento, começa com a busca por saber mais sobre as atividades pelas quais nos interessamos ou nos propomos desenvolver, começa com a nossa disposição para aprender sempre. Portanto, é muito comum que encontremos entre as pessoas de sucesso o legítimo interesse por aprender cada vez mais, favorecendo, dessa forma, o desenvolvimento do autoconhecimento.

Você sempre pode encontrar valiosas lições compartilhadas por grandes nomes do empreendedorismo e usar esse conhecimento como oportunidade para crescer. É ouvindo quem está mais à frente no caminho que você aprende como melhor seguir na aventura de empreender. Em resumo, o segredo é modelar sempre as pessoas cujo exemplo de sucesso nos interessa.

Um dos nomes que mais se destacam no cenário empresarial é Gustavo Caetano, fundador da Samba Tech, líder em gestão e distribuição de vídeos on-line na América Latina e uma das empresas mais inovadoras do mercado. Escritor e palestrante, ele foi eleito uma das cinquenta mentes mais inovadoras e um dos quinze brasileiros mais influentes do país. O segredo de seu sucesso passa por um ponto estratégico: aprender sempre, ampliar seus conhecimentos, tanto de si mesmo quanto do mundo externo.

Mesmo com todo o sucesso que já conquistou, Gustavo continua sempre em busca de conhecimento e autoconhecimento. Todos os anos ele participa de cursos nas mais renomadas instituições, sempre focados em coisas nas quais ele considera ter alguma deficiência. Quando perguntado a esse respeito, invariavelmente assinala com a ideia de que o empreendedor precisa estar muito ligado ao que acontece no mundo e que nunca pode parar de estudar.

Outro ponto para o qual o empresário chama nossa atenção é a necessidade de estudar coisas que não fazem parte do nosso dia a dia. Só assim criamos um repertório capaz de inovar. Coisas novas despertam outros conhecimentos a respeito de nós mesmos e expandem o nosso horizonte de ação, ampliam as nossas possibilidades de enxergar mais longe.

É importante ter claro que todo conhecimento contribui para aumentar o autoconhecimento. E isso nos torna mais ágeis e preparados para construir o sucesso. Todo negócio requer, além dos investimentos em dinheiro e outros recursos, frequentes tomadas de decisões, em geral imbuídas de certo grau de riscos. E, em se tratando de assumir riscos, uma das grandes verdades da vida é que nossas respostas a situações externas a nós mesmos sempre estarão diretamente ligadas ao nosso próprio processo mental. E o autoconhecimento nos ajuda a conduzir esse processo mental individual, nos levando a tomar as melhores decisões.

Investir em autoconhecimento também é descobrir nossa individualidade, nossa unicidade, o que nos permite desenvolver uma marca pessoal junto aos nossos colaboradores e clientes. Nos possibilita criar uma identidade única, que nos identifique perante o mundo. E isso é fundamental em um mundo competitivo, em que é preciso ter um diferencial.

Pessoas que são ótimas candidatas a nossos modelos para vencer na vida, em geral, têm consciência de suas potencialidades e dos pontos que exigem melhorias. Elas usam o autoconhecimento como uma ferramenta para promover o seu sucesso.

Avalie
o quanto você conhece de si mesmo é suficiente para levá-lo ao sucesso que deseja?

Manter a autoestima elevada

"Os grandes líderes se esforçam para aumentar a autoestima de seu pessoal. Se as pessoas acreditam em si mesmas, é incrível o que podem realizar". Quem disse essa frase foi Sam Walton, fundador da maior rede de varejo do mundo, a Walmart, para ressaltar a importância da autoestima.

Muitas pessoas desenvolvem autoconhecimento, mas nem todas desenvolvem autoestima, cuidado e amor por si mesmas, e isso é um grande problema. A autoestima é fundamental para se obter bons resultados em tudo o que se empreende.

Na psicologia, a definição de autoestima refere-se ao senso geral de alguém sobre o próprio valor pessoal. Em outras palavras, tem a ver com o quanto o indivíduo se aprecia e gosta de si mesmo. Envolve uma variedade de crenças sobre si mesmo, como a avaliação da própria aparência, de suas capacidades, de suas facilidades e dificuldades, de suas emoções e de seus comportamentos em geral.

A autoestima saudável é um fator importante para os relacionamentos pessoais e profissionais. Acreditar, amar e respeitar a nós mesmos fortalece a crença em nossas habilidades, reforçando a confiança para lidar com os desafios e dando motivação para criar uma vida de satisfação e prosperidade.

O empreendedor de sucesso é aquele que sabe construir uma cultura que promova a autoestima, e que ajude a melhorar a autoestima das pessoas ao seu redor – ele entende que isso é vital para o sucesso de seus negócios e de todos os seus colaboradores.

A autoestima como ferramenta nas mãos de um verdadeiro líder transforma a realidade de todos os envolvidos em um processo de construção de pessoas, que culmina com o sucesso nos negócios. Afinal, o líder por excelência entende que não se faz sucesso sozinho e que elevar a autoestima dos colaboradores significa ser capaz de se concentrar mais positivamente não só no próprio crescimento, mas, principalmente, no desenvolvimento da equipe.

Uma cultura que promova a autoestima estimula relacionamentos interpessoais e profissionais mais eficazes, permitindo que todos contribuam mais efetivamente para a melhoria do ambiente ao redor e para a obtenção de melhores resultados.

No quesito "autoestima", um exemplo de sucesso a ser modelado é, novamente, o empreendedor serial e mentor de empreendedores Ricardo Bellino, que nos contou uma passagem de sua história em que teve que lidar com a dificuldade sobre a visão que tinha de si mesmo e realçou a importância de construirmos uma autoimagem positiva.

Na adolescência, Bellino era muito inseguro, tímido, e com baixa autoestima. Tinha um trauma terrível que o impedia de se expressar publicamente – nessas ocasiões, sofria uma reação alérgica muito forte e ficava com placas vermelhas pelo corpo inteiro, tudo porque não acreditava ser capaz de realizar aquela atividade.

Finalmente, ele decidiu trabalhar essa sua dificuldade e elevar sua autoestima. Encontrou a solução para seu problema em algo bastante inusitado: normalmente, quando estava em algum baile com os amigos, ele sempre se saía mal com as meninas. Naquela época, os rapazes tinham que convidar as garotas para dançar. E, é claro, ele sempre se colocava de lado e não tinha sucesso nessas empreitadas.

Certa noite, porém, em uma dessas festas, ele decidiu ficar ao lado do DJ durante a noite toda, conversando, observando o que ele fazia. E reparou que ele tinha muito sucesso com as garotas. Mesmo de modo inconsciente, Bellino resolveu replicar aquele modelo que o DJ usava para melhorar a própria autoestima. Depois de alguns meses, passou a ser sócio da equipe de som e se tornou o DJ mais admirado da região. Isso elevou sua autoestima e lhe deu segurança com as garotas.

Bellino aprendeu aquela lição e passou a se posicionar melhor em tudo na vida. Entendeu que se quisesse que as pessoas o aceitassem, era ele mesmo quem tinha de se aceitar antes e então se dedicar a algo que pudesse fazer bem e que gerasse alguma diferença para as pessoas.

A partir dessa história, temos um bom exemplo da importância de cuidar da autoestima. E também fica clara a importância de modelarmos, ou seja, replicarmos pessoas com autoestima elevada para poder aplicar em nossa vida as estratégias que já vimos que funcionam.

Também é interessante reparar que o fato de fazer coisas que sejam percebidas pelas pessoas como algo de valor ajuda a estabelecer a autoconfiança e a elevar a autoestima. A partir daí, nossa realidade muda e, com isso, podemos mudar também o mundo ao nosso redor.

A autoestima elevada promove a humildade para observar outras pessoas de sucesso e reproduzir o que é certo. Gera disposição para aprender com os outros, para que nossa própria melhora seja constante. Isto é condição básica para que se possa adotar um processo de modelagem com estratégia, tendo o exemplo de outras pessoas como referencial. Ao modelarmos quem tem boa autoestima, nossa própria estima se elevará.

E então? Já escolheu quem você vai modelar, quem será seu exemplo de autoestima elevada?

Ter atitudes empreendedoras

O sucesso em qualquer área da vida exige determinadas atitudes que favoreçam o desenvolvimento dos seus planos e o alcance dos seus objetivos. O sucesso nos negócios exige atitudes empreendedoras.

Atitude empreendedora tem a ver com um tipo de comportamento que favorece a busca por soluções e permite enxergar oportunidades apesar dos riscos e dificuldades que possam existir. Ter uma visão ampla de várias perspectivas diferentes é uma das principais características de pessoas com atitude empreendedora.

As chamadas atitudes empreendedoras são diversas e devem estar presentes em todas as áreas de atuação em que podemos nos aventurar. Quando desenvolvidas, promovem uma postura mais assertiva e construtiva.

A consistência faz a diferença

Estimulados principalmente pelas redes sociais, hoje vivemos em uma sociedade muito imediatista, na qual muitos desejam fazer sucesso de uma hora para outra. As pessoas arriscam-se a empreender algo, mas, se não tiverem sucesso imediato, pulam rapidamente para outra coisa, sem manter consistência no que fazem, sem a persistência necessária para a obtenção de bons resultados.

Tony Robbins, palestrante motivacional norte-americano, ressaltou que "não é o que fazemos de vez em quando que molda nossas vidas. É o que fazemos consistentemente".

A verdade é que o sucesso não se constrói do dia para a noite, como pensam as pessoas ao verem algo extraordinário que se torna viral na internet, que faz com que alguém tenha uma projeção imensa em um determinado momento de sua vida. Esse modo de ver o mundo é muito enganoso. É preciso considerar que um acontecimento de sucesso pontual, embora possa mostrar uma direção para o sucesso, não significa ter sucesso de fato.

Também não é verdade que um sucesso verdadeiro acontece instantaneamente. Sempre há uma grande dose de trabalho, esforço, empenho e dedicação por trás de um resultado excelente que aparenta ser imediato.

Se o seu sonho é empreender em qualquer uma das mais diversas frentes de negócios existentes hoje como oportunidades, você não pode deixar de valorizar esse ponto importante que é a necessidade de ter consistência em tudo o que faz. Portanto, a consistência é algo especialmente interessante para modelar a partir de pessoas que a têm. E um bom exemplo disso é o empresário Ivan Moré.

Ivan é jornalista, repórter e apresentador com uma trajetória de mais de vinte anos na televisão brasileira. Ele nos falou um pouco sobre como a consistência foi e é importante para conquistar e manter o sucesso. Contou-nos que uma trajetória tão longa como a dele na TV não poderia ser conquistada sem a consistência em tudo o que faz.

Ivan afirma ainda que chegar a algum lugar que se deseja, alcançar o sucesso, talvez não seja a tarefa mais difícil de todas. Mas se manter no topo realmente é o grande desafio. Tem muita gente que chega ao pódio, mas não se mantém por lá porque não é consistente no que faz.

De fato, é bastante simples olhar atentamente e concordar com Ivan quando ele diz que a gente vive em uma sociedade muito imediatista, em que muitas pessoas querem fazer sucesso de uma hora para outra, sem manter um embasamento sólido. Que as redes sociais propõem essa ideia, mas o fato de você, de repente, ter uma projeção imediata em um determinado momento não significa necessariamente que terá sucesso.

Ivan ainda nos alerta que o sucesso é a construção de um propósito de vida, e pode até variar de acordo com o momento, mas a sua essência e os seus valores têm que estar sempre claros e serem respeitados. O sucesso verdadeiro depende do alicerce que você constrói. E o cimento desses alicerces é exatamente a consistência daquilo que você faz.

Portanto, é preciso considerar que a consistência é uma característica forte do sucesso, que todo bom empreendedor deve se empenhar por ter. São as pequenas coisas feitas de forma regular e consistente que fazem com que, ao longo do tempo, uma empresa obtenha a confiança e a lealdade dos clientes, o que a leva a ter melhores resultados e a construir um sucesso duradouro.

Como disse o empreendedor norte-americano Millard Drexler, "as pessoas gostam de consistência. Seja o seu negócio uma loja ou um restaurante, elas querem entrar e ver aquilo pelo que você é famoso".

Todos esperam que os serviços e produtos que você oferece sejam uma constante. Eles adoram ver as pequenas coisas feitas de forma consistente, amam encontrar em sua empresa aquele padrão que aprenderam a apreciar. A consistência valoriza o vínculo que a empresa tem com o cliente.

Agora, reforçando o processo de modelagem: você prefere modelar alguém cujo sucesso está baseado em atitudes consistentes e constantes, ou se arriscaria a duplicar o comportamento de alguém que tem sucesso baseado em algumas vitórias esporádicas?

> **Agora, sendo ainda mais direto: você se considera consistente em suas ações empresariais, e na vida como um todo, ou sente que anda falhando nesse assunto?**

A força da convicção

Convicção, por definição, é a crença firme a respeito de algo. Pode ser uma crença fundamentada em fatos, mas também pode ser de foro íntimo, ou mesmo resultado da influência de outras pessoas – por exemplo, quando estamos modelando alguém de sucesso, a probabilidade é que acabemos adquirindo algumas das convicções da pessoa que usamos como referência.

No balanço final de nossos esforços, veremos que a convicção ajuda muito a determinar o quanto seremos bem-sucedidos, em grau muito maior do que quanto dinheiro investiremos, quanto tempo nos dedicaremos ao trabalho, ou mesmo em que lugar e sob que condições empreenderemos.

Estar convicto sobre algo é não deixar margens para dúvidas, nem desanimar frente aos obstáculos ou à demora da realização dos nossos sonhos. A convicção reconhece a possibilidade de fracasso, mas não dá ouvidos a ela. Quem está convicto sobre o que faz não se deixa derrotar – se acontecer de o indivíduo cair, ele voltará a se levantar. A pessoa que tem convicção segue à risca o conselho de um antigo ditado japonês que diz: "Caia sete vezes, levante-se oito".

A convicção verdadeira de que é possível realizar um sonho é uma força que move o empreendedor a caminho do sucesso. A visão da realização de suas conquistas torna o indivíduo mais forte e mais determinado. Em geral, é a convicção de se ter uma ideia brilhante ou de ter algo diferenciado para oferecer ao mundo que se torna o ponto inicial de todo novo negócio. É essa crença forte que leva alguém a empreender.

Ao mesmo tempo, à medida que seu empreendimento é construído no dia a dia, a sua convicção se reforça e se mostra como uma das mais poderosas ferramentas para o sucesso.

O empreendedor de sucesso acredita sinceramente na própria visão e, dominado por essa forte crença interna, encontra os recursos certos para superar os inevitáveis altos e baixos dos negócios, transformando suas adversidades em verdadeiros desafios, sem jamais desistir.

Marcelo Ortega, escritor e palestrante internacional com mais de vinte anos de atuação em todo o Brasil, nos contou que o que realmente sustenta o verdadeiro sucesso é a convicção. E completou dizendo que é uma pessoa extremamente convicta de que o negócio que ele propõe, vende e entrega aos seus clientes, realmente dá resultado e ajuda as pessoas a crescerem em direção ao que sonham e que buscam realizar.

Dessa maneira, Ortega ama o que faz, o que é muito bom para quem recebe o que ele entrega. Então, procura acordar e manter o pensamento positivo todo dia, lembrando, com convicção, que levantou da cama para fazer alguma coisa boa para alguém. E o que o move para frente é lembrar que acordou porque tem um grande número de pessoas esperando para assisti-lo e se beneficiar com suas palestras.

O escritor e palestrante completou dizendo que a convicção que tem sobre o que faz é tal que, quando alguém liga para ele dizendo que tem um problema, em vez de pensar no problema em si, ele já atende pensando em duas ou três soluções que possa apresentar naquela hora.

Resumindo, Ortega finaliza: "A convicção me faz acreditar tanto no que faço que as barreiras e as dificuldades passam a ser pequenas e nada me parece impossível. Esse realmente é o meu estilo de vida".

Já no trabalho em equipe, um líder que demonstra convicção verdadeira terá mais sucesso, e o mesmo acontecerá com todos aqueles com quem trabalha. Sobre isso, Ralph Lauren, consagrado desenhista de roupas norte-americano, afirmou: "Um líder que tem a visão e a convicção de que um sonho pode ser realizado inspira o poder e a energia para realizá-lo".

A convicção de um líder gera o entusiasmo necessário para que os colaboradores reconheçam a grandeza de seu propósito e sintam prazer em fazer parte dele. Essa convicção se torna ainda mais potente e transformadora quando associada à paixão pelo que se faz e por aquilo em que se acredita. A paixão é um elemento essencial da convicção e permite ao líder inspirar sua equipe de modo muito superior.

A convicção do empreendedor se transmite às lideranças de sua equipe, que, por sua vez, a passam para cada um dos colaboradores. Portanto, uma postura convicta leva a equipe a desenvolver a forte crença naquilo que faz e no sucesso a que chegará, independentemente dos desafios ao longo do caminho.

Quando trabalhamos com a modelagem de pessoas de sucesso, evitamos um dos maiores riscos a que a nossa convicção pode ser submetida: dar ouvidos a tantas pessoas negativas e despreparadas para o sucesso, que insistem em dizer que "não vai dar certo".

Quando modelamos uma pessoa de sucesso, focamos no exemplo dela e nos contagiamos com a convicção que ela tem sobre a vitória. E isso afasta o negativismo de quem nada entende de sucesso, mas mesmo assim tenta nos influenciar.

Sua convicção sobre o sucesso é forte o suficiente para ser transmitida às lideranças da equipe?

A coragem de fazer o que é preciso

Ter coragem não significa não sentir medo. Significa fazer o que é necessário, apesar do medo. Essa é uma ideia bastante difundida hoje em dia, pois representa uma verdade necessária a todo e qualquer progresso humano. E é inerente ao processo de busca pelo sucesso.

Ter coragem implica assumir riscos, enfrentar desafios e, principalmente, sair da famigerada zona de conforto – algo que nem todos estão dispostos a fazer.

Ser um empreendedor corajoso é ousar investir na própria ideia, mesmo quando todos estão contra ela. É ter um conjunto de atitudes que permite enxergar aquilo que os outros não conseguem, pelo simples fato de ousar trilhar caminhos nos quais poucos se arriscam.

Tudo na vida começa com uma visão, com um sonho, uma motivação. E a coragem de acreditar, esse atrevimento, essa crença de que não existe o impossível é que dá o combustível para desenvolvermos nossos projetos.

É fundamental ter visão de mercado quando se deseja ter sucesso como empreendedor, mesmo quando essa visão é tão ousada que extrapola a própria lógica, ou ainda, como se costuma dizer hoje em dia, é totalmente "fora da caixa". E então é preciso ter coragem para colocar suas ideias em ação, mesmo que às vezes pareça pouco provável que o negócio vá dar certo.

Um exemplo clássico dessa capacidade de visão é o caso do empreendedor Edson Mororó Moura, fundador da Baterias Moura. Ele ousou criar uma fábrica de baterias em uma cidade no interior de Pernambuco, onde, na época, só havia um carro. Essa não era uma visão de uma pessoa normal, uma pessoa comum. Ele era um autêntico visionário.

Ele começou esse negócio com pouquíssima probabilidade de sucesso. A realidade era essa, as chances eram muito pequenas. Entretanto, foi dali que surgiu a empresa que hoje fornece baterias para 50% dos automóveis produzidos no Brasil e na Argentina e é a maior do ramo na América do Sul.

Em vez de fazer o mesmo que todos fazem e tentar dividir o mercado com a concorrência, o empreendedor de visão e coragem procura alternativas e novos nichos promissores, busca explorar um mercado ainda incipiente.

É comum ouvir pessoas dizendo que é preciso antes entender de algo, para só então abrir um negócio. Mas o que realmente importa é ter a visão, saber o que quer, e ter a coragem de se lançar no desconhecido, confiando em nossas potencialidades, arriscando novas ideias e abrindo a mente para novas oportunidades. Assim, é possível gerar as condições necessárias e adquirir a experiência e o conhecimento que são precisos para ter sucesso naquilo que se quer empreender.

Sem coragem não há movimento. Sem movimento não existem as oportunidades que nos trarão a experiência necessária para crescer naquilo em que acreditamos.

É preciso ter a coragem de arriscar, para então realizar. Assim como disse Theodore Roosevelt, ex-presidente dos Estados Unidos da América: "É muito melhor arriscar coisas grandiosas, alcançar triunfos e glórias, mesmo expondo-se à derrota, do que formar fila com os pobres de espírito que nem gozam muito nem sofrem muito, porque vivem nessa penumbra cinzenta que não conhece vitória nem derrota".

É bom sempre nos lembrarmos de que a permanência na zona de conforto já matou mais ideias, oportunidades, ações e crescimento do que qualquer outra coisa neste mundo. O conforto assumido aniquila qualquer iniciativa e sufoca qualquer tentativa de crescimento e evolução. A propósito disso, a escritora norte-americana Brené Brown afirmou: "Você pode escolher a coragem ou o conforto, mas não pode escolher os dois".

É preciso ter coragem para se desgarrar do rebanho, elevar-se para além das massas, sair do lugar comum, do lugar das pessoas medianas, pois essa é uma posição aparentemente mais confortável, em que as pessoas se sentem mais protegidas, mas de onde raramente conseguem sair e, portanto, não chegam a lugar algum.

Grandes homens e mulheres de sucesso já provaram que são capazes de chegar aonde querem e por isso se tornaram exemplos dignos de serem modelados. Eles têm a coragem necessária para arriscar tudo o que têm, na esperança viva de que conseguirão algo ainda melhor. Se você procura o sucesso, modele a coragem das pessoas bem-sucedidas.

Seja sincero: você costuma escolher a coragem de avançar, ou prefere o conforto de permanecer onde está?

A resiliência determina seus resultados

Na física, a resiliência é a propriedade que alguns corpos apresentam de retornar à forma original depois de serem submetidos a uma deformação. O que, simbolicamente, nos leva ao conceito figurado de que, no dia a dia do ser humano, ser resiliente é ter a capacidade de se recobrar após algum tipo de pressão ou decepção, ou ainda de se adaptar à má sorte ou às mudanças.

Falando de modo mais direto, a resiliência é entendida como a capacidade do indivíduo de lidar com problemas, adaptar-se a mudanças, superar obstáculos ou resistir à pressão de situações adversas, como choques, estresse, ou algum tipo de evento traumático.

A resiliência é, enfim, a capacidade de encarar todos os percalços com a serenidade de poder olhar para o futuro com o foco na solução de problemas, em vez de ficar se lamentando pelas dificuldades. Ter resiliência nos empreendimentos significa repensar constantemente a maneira como se vê e se vive os altos e baixos inerentes ao seu negócio, encarando-os não como ameaças, mas como oportunidades de crescimento e evolução.

Pessoas resilientes tendem a levar uma vida mais significativa e desenvolver relações mais harmoniosas com aqueles ao seu redor, além de terem uma visão mais otimista do futuro. O indivíduo resiliente sempre encontra meios de se renovar para continuar seguindo em frente, até chegar ao objetivo maior.

Luiz Augusto Corrêa, recordista do Prêmio Colunistas Norte-Nordeste, nos falou de sua experiência de vida e empreendedorismo, ressaltando que, de fato, não existe caminho fácil. Quem achar que vai ter caminho fácil, não vai vencer, vai se frustrar.

Todo empresário de sucesso tem a sua história de resiliência, de perseverança, uma história admirável que inspira tantos outros empresários. Em todos esses casos, é evidente que é preciso trabalhar muito, estudar bastante, perseverar nos nossos objetivos, ser resiliente para que um dia tenhamos sucesso. Porque, se sucumbirmos diante das dificuldades, que serão muitas no caminho escolhido, qualquer que seja a área, não chegaremos a lugar algum.

Também conversamos com Antonio Camarotti, empreendedor, CEO e Publisher da BPP Publicações e Participações, editor da revista *Forbes*, e que nos transmitiu parte do seu aprendizado sobre a resiliência.

Convivendo com os maiores empresários do Brasil, Camarotti percebeu que a principal lição aprendida é que um dos pontos principais do empreendedor é a resiliência. O empresário brasileiro é altamente resiliente. Aliás, se não for, não sobrevive.

Viajando bastante pelo mundo e conhecendo diferentes culturas, analisando o que é a vida de um empresário, ou de grandes corporações fora do Brasil, Camarotti admitiu ficar admirado com o enorme grau de resiliência, competência, mas, principalmente, de coragem que o empresariado brasileiro tem, não só para continuar empreendendo, mas para continuar crescendo. Porque o empreendedor brasileiro é desafiado diariamente com notícias que são muito negativas sob os pontos de vista político e fiscal. São poucas as boas notícias que chegam a quem gera empregos, a quem paga impostos, a quem faz a economia girar. Mas, ainda assim, vemos os empreendedores brasileiros, mesmo aos trancos e barrancos, seguindo em frente.

Camarotti completou que tem o costume de dizer que é altamente resiliente. Afinal, foi a resiliência que o fez superar todas as adversidades até consolidar o seu sucesso. Para concluir, afirmou: "Eu sempre digo que para ser empresário ou empreendedor é preciso uma série de características, como coragem, determinação, pensamento positivo, visão de futuro e, acima de tudo, muita resiliência".

Lidando com um mercado altamente mutável e disruptivo, o empreendedor acaba vivendo nos extremos de cada situação que se apresenta, de modo que é preciso se empenhar para manter o equilíbrio emocional. Só assim será possível manter o controle das emoções e tirar proveito das oportunidades que surgem a cada momento de baixa, sem perder o entusiasmo, e voltar mais fortalecido para a próxima batalha.

Indivíduos resilientes têm maior capacidade de acreditar em si mesmos e mais confiança para lidar com os desafios que surgem ao longo do caminho. Respondem às adversidades da vida com mais rapidez e flexibilidade, saem de momentos de crise com muito mais facilidade e veem suas inúmeras quedas e derrotas como oportunidade de aprendizado e crescimento.

Os altos e baixos da vida ajudam o indivíduo a criar a resiliência emocional, característica fundamental para superar as adversidades decorrentes das frequentes oscilações nos negócios.

Como anda a sua capacidade de encarar os desafios e insistir na luta, mesmo diante de tantas derrotas sofridas?

A superação nos mantém no jogo

Todo empreendedor sabe bem o que é enfrentar adversidades. Certamente, todos já passaram ao menos por uma situação em que tiveram que se superar, transpor um medo, um obstáculo, ou enfrentar um acontecimento adverso, inesperado.

Michelle Obama, ex-primeira-dama dos Estados Unidos da América, afirmou: "É importante que você entenda que a experiência de enfrentar e superar as adversidades é, na verdade, uma das suas maiores vantagens".

Superação é uma condição inerente à própria vida. Ninguém veio para esta existência a passeio. Todos os que aqui se encontram têm a capacidade de se superar, de crescer e evoluir. Por isso os desafios são constantes e precisam ser encarados de maneira determinada e assertiva.

Para algumas pessoas, a jornada é mais leve – mas nem por isso livre de desafios e da necessidade de superação. Para outras, os desafios são constantes e a chamada para a superação é parte do seu dia a dia.

Pense, por exemplo, naquelas pessoas que vieram de uma condição financeira muito baixa, mas mesmo assim venceram na vida: quantos foram os desafios e os momentos de superação que enfrentaram? Ou então, imagine o que é estar na pele daquelas pessoas que perderam algum membro do corpo e precisaram se adaptar à nova condição. Muitas delas se tornaram esportistas de sucesso, paratletas;

uma demonstração clara de que a superação de dificuldades não tem limites.

Imagine que tudo podia ter dado errado na vida dessas pessoas. Elas poderiam ter simplesmente se conformado com essa adversidade e desistido de lutar por seus sonhos. Entretanto, elas quiseram mais, lutaram para mudar a própria realidade. Sua capacidade de superação as levou ao sucesso. Elas acreditaram tanto naquilo, com tanta convicção, que as barreiras e as dificuldades foram se tornando estímulos para seguirem sempre em frente. É claro que não é fácil lidar com determinadas situações, mas essa é uma das belezas da vida: a superação.

Um grande exemplo de superação a ser modelado é a trajetória de sucesso de Lírio Parisotto, fundador da empresa Videolar. Ele é empresário e investidor, um dos bilionários brasileiros listados pela revista *Forbes*, mas também já teve algumas perdas substanciais com investimentos errados. Porém, soube reverter tudo isso em aprendizado e em lucro. Mesmo tendo vindo de uma cidade pequena no interior do Rio Grande do Sul, de uma família de agricultores, ele nunca deixou que qualquer dificuldade o abatesse. É um verdadeiro exemplo de superação e sucesso.

Entre os aprendizados que ele divide conosco está a consciência tão necessária a quem empreende, de que investidores também têm que conviver muito com as perdas e os erros. Nem sempre se ganha e é preciso lidar com os momentos ruins, até que possamos superá-los. Aprender com os erros, corrigir rumos, recomeçar depois de uma queda, tudo isso é necessário. Desistir, jamais.

Empreendedores de sucesso sabem que superar adversidades é um processo doloroso, mas, ao mesmo tempo, gratificante. Eles entendem que é difícil ser tão determinado a ponto de seguir adiante, apesar dos obstáculos e das limitações, mas compreendem também que é ainda mais difícil continuar vivendo uma mesma dura e negativa realidade sem fazer coisa alguma para mudá-la.

Superação requer coragem, fibra, determinação e trabalho árduo. Às vezes, nossa única opção é lutar para superar um grande obstáculo que nos é imposto pela vida, do contrário não conseguimos progredir, nos desenvolver e alcançar a felicidade. Mas uma coisa é certa: a satisfação de conseguir vencer, superando o que parecia impossível, é o melhor pagamento que recebemos, seja qual for o trabalho a ser desempenhado.

Em termos de negócios, os melhores empreendedores são aqueles que lidam com as adversidades sem perder o ritmo ou a paixão por seus sonhos e que secretamente obtêm grande satisfação em superar problemas impossíveis.

Considerando tudo isso, sugerimos agora que você pense em quem você conhece e que poderia modelar, que seja um exemplo de superação digno de admiração e que se encaixe perfeitamente no modelo que você precisa para se inspirar e conquistar o seu próprio sucesso.

Você se considera um exemplo de superação digno de ser modelado por alguém? O que você faz com isso?

Cuidar da preparação pessoal e profissional

Preparação pessoal e preparação profissional são coisas que andam juntas. Quando você investe em seu aprimoramento pessoal, também ganha dividendos, profissionalmente falando. E, se investe em ser um melhor profissional, automaticamente melhora como pessoa. Os focos, os objetivos dos tipos de preparação podem ser diferentes, mas o resultado final é o mesmo: sempre vamos ter um "você melhor" no final do processo. Tudo o que é preciso para tirar o melhor proveito desses dois mundos é a consciência de que somos uma pessoa única; os dois lados – o pessoal e o profissional – se juntam, se somam. Por isso, separamos aqui alguns elementos que são fundamentais para você melhorar a sua preparação para a vida. Vale muito a pena procurar pessoas que sejam exemplos de sucesso, para então modelar delas essas características.

A inteligência de aprender com os erros e os acertos
Elizabeth Kubler-Ross foi uma médica psiquiatra suíça, radicada nos Estados Unidos da América, que nos deixou, entre tantas outras lições, a frase: "Não existem erros, ou coincidências. Todos os eventos são bênçãos dadas a nós para aprendermos através deles".

Os eventos que estimulam nossos aprendizados estão presentes em nossa vida e nos acompanham desde o momento em que chegamos a este mundo. Cada dia é pleno de oportunidades para aprender e esse é o nosso principal meio para crescer e ampliar nossa visão. Aprendemos com as lições do dia a dia, seja a partir dos nossos erros ou dos nossos acertos. Tanto as experiências vividas por nós mesmos – que propiciam um aprendizado a partir da nossa própria experimentação e dos nossos resultados, quanto aquelas que aprendemos observando outras pessoas – todas elas nos ensinam e ajudam a evoluir.

Por uma questão de engano na programação mental coletiva no mundo em que vivemos, se os acertos quase sempre nos geram recompensas, elogios e aceitação, os erros invariavelmente nos tornam alvos de críticas, de falta de confiança e de rejeição. Dessa forma, crescemos acreditando que acertar é bom e errar é ruim e, com esse pensamento, não nos permitimos errar. O que invariavelmente nos leva a perder muitos aprendizados preciosos, ou seja, aqueles que nascem dos nossos enganos e das nossas falhas.

Passamos uma vida inteira lutando, nos esforçando para fazer com que tudo dê certo e nos sentindo mal a cada erro cometido, sem conseguir entender que também os erros, quando aceitos como parte do nosso aprendizado e assumidos com responsabilidade, podem ser grandes lições.

A verdade é que, mais do que acertar ou errar, o importante é aprender com todas as situações que o dia a dia nos oferece. O que vale na vida são as experiências que adquirimos ao longo do tempo, através das quais amadurecemos e nos desenvolvemos.

Como ponto de destaque neste capítulo, trazemos para você algumas considerações que levantamos junto ao empresário Sérgio Moura, presidente do Grupo Moura, potência internacional na produção de baterias elétricas, que possui hoje seis fábricas – cinco no Brasil e uma na Argentina – e fornece baterias para as maiores montadoras do mundo. Tem também uma rede própria de distribuição, que atende mais de quarenta mil clientes por mês em todo o território nacional. A história do Grupo Moura é um exemplo de determinação e autoconfiança e de muito aprendizado com os erros e acertos pelos quais, com certeza, tiveram de passar.

Sérgio Moura nos falou da dificuldade que todo empresário tem de todo dia chegar para trabalhar e encontrar um monte de problemas para resolver. Porém, é preciso que ele pense de forma otimista. O empresário tem que enxergar ali mais uma oportunidade de aprender algo. É assim que ele evolui em seus conhecimentos e sua experiência e passa a consolidar seus negócios.

As dificuldades aparecem, todo empreendedor sabe muito bem disso. Nós vivemos em uma sociedade de aprendizado contínuo, principalmente atualmente, em que as coisas mudam constantemente. Logo, é preciso ter humildade para aprender com tudo e com todos. É importante estar aberto também para aprender com gente que sabe mais do que você.

Moura nos relatou: "A empresa já tem mais de sessenta anos e, realmente, passamos por muitos momentos difíceis, precisamos de muita reflexão, muita análise para superar as crises. Eu me lembro especialmente de um momento muito difícil em 1979, quando estávamos em uma situação dificílima na área da distribuição. Fizemos uma análise, uma reflexão interna dos nossos próprios problemas, olhamos para dentro da empresa e das nossas atitudes e corrigimos tudo o que não estava certo. A partir daí, voltamos a ter uma curva ascendente, de crescimento e prosperidade. Aprendemos com nossos erros, corrigimos a rota e voltamos a crescer."

A partir de experiências como essa e tantas outras, Sérgio nos alerta para o fato de que conhecemos pouco, sabemos pouco, e temos de ser humildes para procurar quem nos ensine. Se você não sabe fazer algo bem, traga alguma pessoa que lhe ajude, que abra sua cabeça. Você não pode ter ideias fixas – não importa se a sua empresa é pequena, se você está começando hoje, ou se já tem uma grande empresa.

Isso é uma lição de extrema importância com que Moura nos presenteou: a humildade e o aprendizado contínuo são fundamentais. É preciso estar sempre aprendendo para poder evoluir. Se você não estiver aberto para ouvir, caso se ache o máximo e pense que já sabe tudo, não vai chegar a lugar algum.

Por mais que aprendamos, nunca saberemos o suficiente, sempre haverá algo novo a descobrir e compreender. O filósofo Platão tornou famosa a frase de seu mestre Sócrates, que diz "só sei que nada sei". Quando se trata de empreender com excelência, ou de ter sucesso naquilo que se faz, a disposição de estar constantemente aprendendo, ganhando conhecimentos, melhorando, se desenvolvendo, é fundamental.

Quando nós erramos e aprendemos com o erro, corrigimos o rumo e ficamos mais fortes para alcançar o sucesso. Portanto, procure aprender não só com os seus grandes erros, mas também com os pequenos erros do dia a dia. Todos são lições importantes quando queremos melhorar nossa performance, seja em que área for. É por meio das nossas falhas e dos nossos erros que vamos aprendendo a fazer melhor a cada dia.

A modelagem é uma estratégia de aprendizado diferenciada porque nos permite aprender com os erros e acertos dos outros. Aquela pessoa a quem modelamos nos entrega os resultados da própria experiência com os erros e os acertos que já vivenciou. E assim economizamos energia, tempo e recursos, evitando repetir situações que sabemos de antemão que não nos levarão aos resultados desejados.

Você já aprendeu algo hoje? Tem consciência do que foi aprendido? Como vai usar isso na sua vida?

O valor de sempre dar o melhor que temos

Vince Lombardi, um dos treinadores campeões na principal liga de futebol americano dos Estados Unidos, dizia que "o preço do sucesso é um trabalho árduo, dedicação ao trabalho em questão e a determinação de que, se vencermos ou perdermos, teremos aplicado o melhor de nós mesmos à tarefa em questão."

Complementando essa ideia, podemos dizer que, quando aplicamos o nosso melhor, crescemos como pessoas e como profissionais. Ou, em outras palavras, o que queremos dizer é que o trabalho dedicado sempre promove tanto o crescimento pessoal quanto o profissional e viabiliza a construção de um sucesso consolidado e perene.

Portanto, não é exagero dizer que todo sucesso verdadeiro é construído em cima de muito trabalho. Mais ainda, o sucesso exige executar sempre o nosso melhor; não dá para fazer algo pela metade e esperar um resultado completo; não dá para fazer malfeito e esperar um sucesso consistente.

Entretanto, para quem pensa que depois de conquistar o sucesso vai poder descansar sobre os louros da vitória, fica aqui um aviso bem claro: manter o sucesso é ainda mais difícil do que se elevar até ele. Você tem que trabalhar mais, se dedicar mais, se responsabilizar mais para aprender e crescer sempre.

Pense, por exemplo, no caso de um atleta: enquanto ele é apenas mais um na multidão, não se exige muito dele – somente ele mesmo se cobra a dedicação necessária para se tornar campeão. Mas, quando se torna um campeão, o mundo inteiro passa a esperar mais dele, a exigir que faça cada vez mais e melhor.

A verdade é que o sucesso exige o tempo todo o melhor de nós mesmos. Essa é a condição mínima para consolidar nossas conquistas. A brasileira Hortência, ex-jogadora de basquete, campeã mundialmente reconhecida – e uma excelente candidata a ser modelada por quem busca o sucesso –, nos confirmou essa visão, com base na própria experiência pessoal na área dos esportes. Porque ela também viveu intensamente essa realidade de que chegar ao sucesso sempre é desafiador, mas manter-se lá é o verdadeiro desafio.

Hortência conseguiu chegar e permanecer no topo por muito tempo. Mas nos confidenciou o seguinte: "Quando você chega no topo, o trabalho é dobrado, porque, para se manter lá, é ainda mais difícil. Você passa a ser muito cobrado, tem a pressão do dia a dia, a expectativa da torcida, todos os olhares de uma nação, a pressão dos empresários, dos patrocinadores, enfim, existe cobrança para todo lado."

Hortência diz que, para ter um sucesso consistente, primeiro você tem que descobrir seu verdadeiro dom. Depois, precisa lapidar esse dom, ter um certo planejamento e montar uma boa estratégia de ação. Você tem que criar uma estratégia para ganhar o jogo, ter estratégia para lidar com a família, porque você vai ficar muito tempo distante dela enquanto constrói o seu sucesso, enfim, tem que estar disposto a lidar com os desafios que a vida apresenta. E, acima de tudo, precisa sempre dar o melhor de si.

Complementando nossa conversa, Hortência deixou claro que, quando você escolhe um determinado caminho, tem que seguir por ele, se manter nele, não desviar nunca, porque, se você começar a atirar para todos os lados, a chance de não acertar em nenhum deles é muito grande. É preciso ser focado e fazer com amor tudo o que se propôs conquistar. Somente assim será possível oferecer o que tem de melhor e transformar seus esforços em resultados que valem a pena.

O empenho dedicado, dando o melhor de nós mesmos, seja em qual trabalho for, promove o crescimento necessário ao nosso sucesso. Mas não podemos nos acomodar depois de conquistado um objetivo, porque a vida nos exige crescimento contínuo. Quando paramos, quando estagnamos, as adversidades da vida nos geram desconfortos que exigem continuar na caminhada e nos obrigam a continuar evoluindo.

O rabino e psiquiatra americano Abraham Twerski nos apresenta uma narrativa que faz refletir sobre como as adversidades e os desconfortos da vida ajudam no desenvolvimento e crescimento pessoais. Basicamente, ele nos fala da história da lagosta, que é um ser vivo de corpo muito mole e vulnerável, mas que se protege dos agressores com uma casca dura, que constrói à própria volta.

Com o passar do tempo, a lagosta cresce, mas a casca permanece a mesma. E ela passa a sentir um desconforto muito grande, até que abandona aquela casca e constrói outra maior, na qual fica mais confortável, e assim pode continuar crescendo. Se ela permanecesse na casca anterior, além de muito sofrimento, ainda não teria mais condições de continuar a crescer.

O processo todo se repete cada vez que a lagosta fica grande o suficiente para não caber na casca e um novo desconforto surge. Assim, ela consegue continuar a crescer e pode manifestar no mundo toda a vitalidade da própria natureza.

Algo semelhante acontece na busca do sucesso. Para que o alcancemos, ele provoca o desconforto necessário – mesmo que sejamos apaixonados pelo que fazemos, ainda assim sempre há certa dose de sacrifício no trabalho – para nos provocar, nos incentivar a fazer mudanças, e assim continuar a crescer como pessoas.

Para modelar alguém de sucesso, é preciso estar disposto a dar o seu melhor também nesse processo. Devemos nos lembrar de observar com atenção as dificuldades pelas quais aquela pessoa passa ou passou. Talvez as nossas dificuldades não sejam as mesmas que ela encarou ou encara, mas pelo menos já teremos a consciência, e a aceitação, de que também enfrentaremos nossas próprias dificuldades pelo caminho.

Você costuma dar o seu melhor em tudo o que faz? Como são os seus resultados? O que você pode fazer hoje para melhorar ainda mais esses resultados?

A necessidade de ajustar nossos hábitos

O empenho na modelagem do sucesso exige vontade de aprendizado, foco na prática de observação e mudanças constantes, de modo a formar uma seleção de hábitos que nos favoreçam. Para ter sucesso, você vai ter de quebrar velhos hábitos negativos e adquirir outros positivos, que o ajudem a trabalhar da maneira certa, com a intensidade certa e pelo tempo que for necessário.

Para mudar determinados hábitos, será necessário sair da sua zona de conforto, trabalhar ainda mais e deixar um pouco de lado aqueles amigos que estão indo em outra direção. Você pode, e deve, sair para se divertir e ter o merecido lazer, mas por um período de tempo vai ter de trabalhar muito forte, vai ter de assumir a responsabilidade pelos seus resultados, terá de cultivar hábitos que o levem em direção ao sucesso que procura.

Para adquirir os hábitos corretos para ter sucesso, você terá de estar o tempo todo alerta, para não esmorecer, para não voltar para a zona de conforto. Deverá empenhar-se para sair da mesmice do dia a dia e seguir em frente, buscar o que você sonha.

Precisará ficar atento à preguiça, porque ela vai surgir, não tenha dúvida disso, e você terá de abandoná-la. Afinal, para ser bem-sucedido é fundamental ter muita disposição, muito estudo, muita disciplina, muito trabalho, ser audacioso, lutar bastante e principalmente vencer a si mesmo a cada novo dia. É preciso criar o hábito de não desistir.

Também será necessário experimentar a solidão, pelo menos por algum tempo. Como empreendedor, muitas vezes você vai precisar esquecer o sábado, o domingo, os feriados. Vai ser só trabalho. Algumas vezes isso vai até lhe trazer complicações com familiares, porque a família talvez não entenda o quanto você se dedica ao seu negócio. Mas durante algum tempo, em algumas situações específicas, vai precisar ser assim. Por isso, você terá de praticar a resiliência, a persistência e a determinação.

Não se engane, aqui não tem almoço grátis. É preciso pagar o preço do sucesso e, para isso, você terá de priorizar certos hábitos produtivos, como:

- trabalhar enquanto as pessoas estão descansando ou se divertindo. Não tem jeito, esse é um preço a pagar;
- trabalhar mais que os outros. Ninguém chega a lugar algum sendo apenas mais um. Você pode até fazer sucesso rápido, mas para manter-se bem-sucedido vai ter que fazer mais do que a maioria faz;
- arregaçar as mangas e lutar pelos seus objetivos. Quem quer ter sucesso não pode ficar parado, se acomodar, achar que já fez o bastante. Também não pode ter preguiça de trabalhar forte pelos seus objetivos;
- parar de adiar as coisas, de protelar o que tem que ser feito. Lembre-se que para tornar um trabalho mais difícil do que ele realmente é, basta ficar adiando a sua execução. Aliás, a esse respeito existe uma frase, cuja autoria é atribuída a Platão, que diz: "Começar é a parte mais importante de qualquer trabalho". Portanto, seja lá qual for o seu objetivo, comece a fazer o trabalho.

Esses são apenas alguns exemplos de hábitos que você vai precisar criar por completo, ou apenas ajustar, ou mesmo eliminar, se quiser ter sucesso. Contudo, um dos hábitos mais importantes que você vai precisar desenvolver será o da modelagem. Habituar-se a reproduzir pessoas que já alcançaram o sucesso que você procura vai colocá-lo mais perto dos seus objetivos, em uma velocidade muito maior do que se tivesse que começar tudo do zero.

Uma das coisas mais importantes que você vai aprender na vida é que as conquistas duradouras não vêm de graça ou de maneira fácil. Por trás de todo império, existe muito sacrifício, suor e lágrimas. São muitas horas de dedicação, trabalho, foco e responsabilidade. Por isso mesmo, replicar o trajeto feito por quem já chegou ao sucesso que você busca sempre será uma opção muito mais vantajosa.

> **Você está disposto a pagar o preço do sucesso que procura? Está pronto para priorizar os hábitos produtivos e abrir mão de certos "confortos" que não lhe agregam resultados? Já começou a desenvolver o hábito da modelagem de pessoas de sucesso?**

A manutenção de um mindset favorável ao seu sucesso

A busca pelo sucesso exige bom desempenho em diversas frentes e pede o desenvolvimento de variados conhecimentos. O trabalho forte e bem-direcionado é o tipo de treino que ajuda a construir a certeza mental da vitória.

Dessa forma, não é exagero dizer que a busca pelo sucesso melhora a nossa configuração mental, o nosso modo de pensar, enfim, o nosso Mindset. E é partir daí que as transformações na nossa vida acontecem. Segundo Steve Maraboli, escritor e palestrante motivacional, "quando nossa mentalidade muda, tudo o que está do lado de fora muda com ela".

Carol S. Dweck, especialista em psicologia do desenvolvimento, afirma que o sucesso está relacionado principalmente à maneira como encaramos a vida, ao nosso modelo mental.

É fundamental ter um mindset voltado para o sucesso, para que nosso empenho surta o efeito de realizar o que buscamos. É preciso ter um modo de pensar que diga ao universo que vamos de fato realizar aquilo a que nos propomos.

É claro que ter sucesso como empreendedor é algo a ser conquistado, pelo qual temos de lutar e trabalhar muito. Entretanto, não é só trabalhar no negócio em si, mas trabalhar principalmente no nosso padrão mental, porque empreender de maneira proativa é sobretudo uma questão de comportamento e de pensar do modo correto – é isso que provoca as mudanças no mundo que favorecem o nosso sucesso.

Pensar corretamente é, basicamente, olhar de forma adequada para tudo o que surge no dia a dia. É enxergar oportunidades onde a maioria das pessoas só vê dificuldades. Por exemplo, um dos empresários que recomendamos como um dos que mais têm qualidades a serem modeladas é Roberto Shinyashiki, que também é escritor e palestrante. Em suas palestras e livros, ele fala sobre carreira, liderança, desenvolvimento pessoal e mundo corporativo.

Shinyashiki nos incentiva a ficar contentes quando surge um problema pela frente, porque, na verdade, estamos tendo uma oportunidade de mostrar ao mundo do que somos capazes.

A busca por soluções é o que move a humanidade. Se não houvesse a necessidade de resolver problemas, não haveria desenvolvimento e estaríamos ainda na idade da pedra. Por isso mesmo é que ser um bom solucionador de problemas é algo que está normalmente ligado ao sucesso, qualquer que seja a área da vida.

Em seu livro *Problemas? Oba!*, Roberto Shinyashiki ressalta: "Para ter sucesso atualmente, a lição mais importante é entender que os problemas que as pessoas nos trazem podem ser os melhores presentes que acontecem em nossa vida".

Em termos de negócios, para ser um bom empreendedor é preciso estar sempre antenado às tendências e ao mercado, às demandas da clientela, além de analisá-las e estar preparado para propor e oferecer soluções. Quem não segue essa premissa corre o risco de perder oportunidades de crescimento, ou até mesmo de ficar para trás e acabar indo à falência.

Shinyashiki insiste na ideia de que o trabalho na busca pelo sucesso exige e ensina a encontrar soluções. Em vez de olhar para um problema com desânimo, devemos cada vez mais passar a encará-lo já pensando em duas ou três possíveis soluções que possam ser executadas. O trabalho consciente produz um treinamento em nossa mente que nos leva sempre a procurar respostas, em vez de só focar nos problemas.

O empreendedor de sucesso é sempre alguém viciado em problemas, porque ele sabe que é ali que estão as oportunidades, é ali que ele vai ter de se superar para criar a solução e, com isso, vai crescer, evoluir e consolidar as bases do seu sucesso.

Esse é o mindset que precisamos ter se quisermos realmente chegar ao sucesso. A boa notícia é que da mesma forma que o mindset pode ser construído, ele pode também ser alterado. Isto significa que podemos desenvolver uma nova realidade, simplesmente trabalhando na mudança do nosso modelo mental, ou seja, alterando a nossa forma de ver o mundo.

Mais até do que simplesmente construir estrategicamente um negócio, empreender é, portanto, uma questão de comportamento. A forma como o empreendedor pensa, sente e lida consigo mesmo e com o mundo ao redor é o principal fator que influencia suas decisões e sua maneira de se relacionar com as pessoas e solucionar problemas.

Logo, para alcançar nossos objetivos com sucesso é essencial que nossa mentalidade esteja sempre de acordo com nossas aspirações e sonhos e apoiada na crença na vitória. É por esta razão que o sucesso ou o fracasso de uma empresa estão sempre atrelados à mentalidade de seus líderes.

Empreendedores de sucesso não se concentram no negativo. Com uma programação mental voltada para a conquista, para a vitória, sempre que enfrentam tempos difíceis aceitam o desafio e se esforçam ainda mais para superá-los e fazer com que seus negócios continuem avançando.

E aqui voltamos à ideia central desta obra, que é a modelagem. Lembre-se sempre, ao usar a modelagem como ferramenta para alavancar o seu sucesso, de escolher como referência uma pessoa que tenha o hábito de investir na evolução do próprio mindset e de programar a mente de maneira positiva. Essa é a melhor forma de se preparar e enfrentar as adversidades com determinação e resiliência, de modo a conquistar os resultados que você busca.

Procure sempre estar próximo de pessoas bem-sucedidas, de profissionais e indivíduos que costumam alcançar grandes resultados em suas trajetórias. Essa é uma atitude que lhe trará oportunidades para perceber como eles pensam e agem quando seus projetos dão certo e o que eles fazem quando os planos dão errado. Além do mais, com essa proximidade, sempre ficará mais fácil reproduzir o modo de ser e de pensar dessas pessoas, ou seja, de modelá-las, para que você tenha clareza sobre como ajustar o seu próprio mindset e assim construir também o seu sucesso.

Como você tem trabalhado o seu padrão mental? Você anda estimulando o modo de pensar correto que favorece o seu sucesso?

Construir uma programação mental assertiva

"A única coisa que diferencia você dos milionários, das pessoas de sucesso, é que os programas mentais que rodam na mente deles ainda não estão rodando na sua mente". Essa frase foi dita por Lucas Naves, professor que mais forma hipnoterapeutas no Brasil – e um grande candidato a ser um modelo de sucesso para replicarmos. Ele explica ainda: "Os programas mentais (softwares mentais) de alguém que nunca dá certo e os de uma pessoa de sucesso são completamente diferentes."

Essa colocação nos traz à consciência que existe uma programação mental para o sucesso, ou seja, uma forma de usar o nosso cérebro que favorece sermos bem-sucedidos. Tudo depende, basicamente, das crenças que alimentamos na mente – principalmente no nosso subconsciente. São os programas que rodam em nossa mente – ou seja, nossas crenças – que definem aonde chegaremos e quais serão os resultados.

Lucas Naves nos alerta ainda sobre o fato de que "o cérebro físico é como se fosse o hardware, o disco físico do nosso computador, onde ficam armazenados todos os nossos programas. Basicamente, o hardware é igual para todas as pessoas. Mas os nossos softwares, os programas que rodam na mente de cada ser humano são sempre diferentes, de pessoa para pessoa". É exatamente por isso que cada pessoa tem um resultado distinto das outras.

Nesse caso, quando observamos uma pessoa que admiramos, bem-sucedida e cujos resultados queremos reproduzir, o caminho a seguir é exatamente por meio da modelagem da programação mental daquela pessoa. Ao reproduzir o padrão mental que ela pratica, estamos a caminho de obter resultados semelhantes ao que ela conquistou.

"Como tudo é uma questão de mentalidade, de modo de pensar, se você realmente pensar como pensam os milionários, os empreendedores de sucesso, os visionários, será apenas uma questão de tempo para encontrar fórmulas que o levem a também se tornar igual a eles" – complementa Lucas.

O grande segredo de ter uma programação mental que favoreça o nosso sucesso é construir crenças que alavanquem o que temos de melhor. E, ao mesmo tempo, que tiremos força de crenças negativas. Com um trabalho dedicado e cuidadoso, é possível instalar crenças em nossa mente que nos motivem e estimulem a fazer alguma coisa especial, grande, significativa, que faça alguma diferença positiva no mundo.

Trabalhar adequada e positivamente com o poder da nossa mente subconsciente nos leva a criar as mudanças que desejamos em nossa vida. E a boa notícia aqui é que podemos mudar a nossa programação mental e adotar outra que nos leve para o sucesso.

Segundo Lucas Naves, existe uma lei fundamental para se lidar com a mente subconsciente, expressa nesta frase: "Aja como se fosse e assim será". "O segredo por trás dessa ideia é que o nosso subconsciente acredita no que dizemos para ele. Ele sente aquilo como algo real e age como se assim fosse", continua Lucas. "Isso faz toda a diferença do mundo, porque quando agimos como se algo fosse real, como se já estivesse manifestado na nossa vida, todos os nossos comportamentos se tornam coerentes com aquilo que acreditamos. Então começamos a agir como pessoas já bem-sucedidas, mesmo sem ainda 'poder pegar efetivamente os resultados em nossas mãos'. Isso é possível pois o sucesso nasce de um pensamento, de uma onda de energia, de um sentimento. Nosso sucesso é reflexo de como nos sentimos e funcionamos interiormente", conclui Naves.

Portanto, é importante escolher nossos pensamentos de forma muito clara e responsável, direcionados para aquilo que queremos realizar, pois são eles que, de forma consciente ou inconsciente, estarão criando nossas experiências reais de sucesso ou de fracasso.

Ao concentrar o pensamento em ideias inspiradoras, orientadas para vencer, nossa mente subconsciente começará a implementar um novo padrão positivo em nossa maneira de pensar, de agir, de nos comportar e de ver a vida. Com o foco naquilo que desejamos realizar, damos o primeiro passo para construir o sucesso da forma como o idealizarmos.

Existem diversas formas de fazer isso e queremos citar aqui algumas bastante eficazes: a hipnose, as técnicas de Programação Neurolinguística e a fé. Entre tantas coisas que envolvem a nossa mente, a espiritualidade tem se mostrado como um dos grandes pilares do nosso equilíbrio e direcionamento mental. Ela nos traz a certeza do caminho que estamos tomando, o que torna mais simples superar todas as barreiras.

Outra estratégia ótima para melhorar nossa programação mental é continuarmos estudando, fazendo novos cursos, treinamentos, lendo bons livros, aprendendo constantemente. Em especial, é importante ler biografias de bilionários, de homens de sucesso e de grandes realizadores como fontes de inspiração para o nosso cérebro. De acordo com a Programação Neurolinguística, tudo o que colocamos de novidade na nossa mente cria novas conexões neurais, o que faz com que tenhamos novos horizontes, novas ideias, novos objetivos, o que nos ajuda a desenvolver mais as habilidades de pessoas que fazem sucesso.

É claro que sempre é possível – e recomendável – usar a modelagem para seguir os passos daquelas pessoas de sucesso que você mais admira, que tenham pensamentos positivos, construtivos e de valor real. Essa é outra estratégia ótima para melhorar nossa programação mental e encurtar o caminho para o sucesso, produzindo resultados mais consistentes.

Reproduza a programação mental daquelas pessoas que merecem ser "copiadas" e conquiste resultados no mesmo padrão que elas conquistaram.

Acima de tudo, quando se trata de cuidar da sua programação mental, cabe aqui um conselho: sinta-se merecedor do sucesso e construa sua programação mental para conquistá-lo. Essa é a primeira premissa para quem quer conseguir algo: sentir-se merecedor daquilo que busca.

Que estratégias você costuma usar para melhorar sua programação mental? O que você usa como fonte de inspiração para o cérebro?

Construir os pilares do seu sucesso

O sucesso é uma construção que precisa de pilares fortes para se formar, crescer e se sustentar. Para ter um sucesso realmente sólido e perene, é preciso desenvolver algumas características e valores fundamentais para embasar nosso comportamento. São esses recursos que irão nos ajudar a formar uma estrutura de sucesso sustentável. Os itens apresentados a seguir são alguns dos principais pilares de sustentação dessa construção e, sem dúvida alguma, devem ser o foco de ação ao buscar alguém de sucesso para modelar.

Desenvolver agilidade

Jeff Bezos, CEO da Amazon, defende a ideia de que "na atual era da volatilidade, nada mais é sustentável, tudo o mais que você criar, outra pessoa irá replicar. Portanto, a única vantagem sustentável que você pode ter sobre os outros é a agilidade".

Numa era tão dinâmica e mutável quanto a que estamos vivendo, o futuro nunca se mostrou tão cheio de incertezas. A tecnologia traz mudanças cada vez mais rápidas, ficando também cada vez mais difícil lidar com a imprevisibilidade dos padrões e dos hábitos dos consumidores e das pessoas em geral.

Diante desse cenário, desenvolver a capacidade para se adaptar às mudanças é o grande desafio dos empreendedores, que precisam lidar de forma rápida e eficiente com as necessidades e desejos de seus clientes, num mercado cada vez mais competitivo e disruptivo.

A agilidade para responder às novas demandas e a disposição para se reinventar constantemente se tornaram ferramentas fundamentais, não só para a evolução dos negócios, mas, muitas vezes, até mesmo para sua sobrevivência.

Entretanto, para ampliar a nossa agilidade e nos dedicarmos efetivamente a cada um dos aspectos da nossa vida, necessários e presentes no nosso dia a dia, precisamos nos habituar a gerenciar com cuidado o nosso tempo.

Gerir o tempo requer valorizar cada coisa que fazemos, ou seja, estar plenamente presente em cada atividade que realizamos – de corpo, mente e alma. Aproveitar bem o tempo exige um exercício constante de foco naquilo a que nos dedicamos. Só assim podemos garantir que cada segundo renda tudo o que é possível e que traga toda a satisfação da realização naquilo que fazemos.

Segundo Christian Barbosa, escritor brasileiro especialista em administração do tempo e uma das maiores autoridades no assunto, a gestão de tempo, além de ter um efeito direto no aumento da produtividade nos negócios, é a estratégia responsável pelo equilíbrio e tranquilidade na vida de um bom empreendedor.

De acordo com Christian, sempre que se fala de gestão de tempo, as pessoas apontam a tecnologia como o maior problema provocador da falta de tempo. Na verdade, a falta de tempo é algo secular, milenar até. Os egípcios já falavam sobre isso, assim como Santo Agostinho, Leonardo da Vinci e Henrique VIII andavam às voltas com este assunto. As pessoas vêm reclamando da falta de tempo ao longo dos séculos, sem se dar conta de que não é a quantidade dele que faz a diferença, mas o que nós colocamos no nosso tempo, a maneira como o usamos e como o aproveitamos ou desperdiçamos.

É claro que temos escolhas demais no mundo de hoje para um tempo limitado de 24 horas. Tudo está roubando a nossa atenção constantemente, sejam os celulares, as muitas festas, os eventos e muito mais. Mas sempre foi assim. Hoje, a situação não é diferente de como foi ao longo da história da humanidade. Quando o tempo é mal utilizado, ele nunca é suficiente para tudo o que pretendemos realizar.

Ainda de acordo com Christian, é preciso sempre lembrar que a vida não é só trabalho e é necessário reservar um tempo para o lazer, para outras atividades que nos permitam repor nossas energias e elevar o nosso entusiasmo e motivação. Se você não tem hobbies, não tem lazer, só tem trabalho, perde produtividade, perde performance. As pessoas falam muito em trabalhar duro, mas é preciso entender que trabalhar duro não é trabalhar vinte horas por dia para obter resultados. Trabalhar duro é trabalhar focado, determinado, produtivo.

Quando temos mais controle sobre o nosso tempo, as urgências se reduzem, a nossa percepção sobre nós mesmos, sobre o nosso trabalho e sobre a nossa qualidade de vida se amplia, nossa visão fica mais clara e a jornada rumo ao sucesso se torna mais simples. Assim ganhamos muito em agilidade.

Quando falamos em agilidade, estamos tratando de uma qualidade que se aplica muito bem aos diversos aspectos de nossa vida: pessoal, profissional e empresarial. A agilidade nos negócios é a resposta que permite que uma organização e seu time desenvolvam adaptabilidade, criatividade e resiliência para enfrentar com confiança e rapidez as demandas decorrentes das mudanças e incertezas trazidas pela nova realidade que vivemos a cada dia.

A agilidade é um tema cada vez mais presente no mercado, em todos os setores da economia. É pouco provável que você ainda não tenha ouvido falar, por exemplo, do fenômeno chamado de "Movimento Ágil", um novo modo de olhar para as empresas e seus clientes que vem revolucionando tudo o que se conhece sobre administração de negócios, com resultados rápidos e exponenciais.

Uma organização que adota a agilidade nos seus negócios é capaz de adaptar suas estruturas para fornecer produtos ou serviços com velocidade, inovar além das limitações de mercado e desenvolver líderes e equipes capazes de responder às mudanças necessárias, não importa quão complexas elas se apresentem.

Para quem busca o sucesso, a agilidade é uma das características que não podem deixar de ser modeladas. Os modelos possíveis, nesse caso, são empreendedores ágeis que chegaram ao sucesso, ou mesmo toda uma empresa que se tornou ágil para poder garantir a sobrevivência e seu crescimento no mercado.

Como está a sua capacidade para se adaptar às mudanças de forma rápida e eficiente, para lidar com as novas necessidades e desejos de seus clientes?

Valorizar o compromisso

"O compromisso abre as portas da imaginação, permite a visão e nos dá os elementos certos para transformar nosso sonho em realidade". Essa é a forma como James Womack, que foi diretor de pesquisas do *Massachusetts Institute of Technology (MIT)*, pensa a respeito do compromisso.

E ainda, para reforçar a importância desse tema, citamos também o estrategista de negócios David Horsager, que afirmou que as pessoas acreditam naqueles indivíduos que suportam as adversidades e que têm um compromisso sério com aquilo que se propõem a fazer.

Poucas são as pessoas que têm consciência clara de que ser bem-sucedido não é o resultado de uma jornada única, uma investida certeira que produz os frutos que desejamos. Sucesso é sinônimo de ter muitos sonhos, travar muitas lutas e se empenhar em muitos estudos e atividades produtivas. Requer determinação, persistência, perseverança, disciplina, coragem e ousadia. E tudo isso exige, acima de tudo, o firme comprometimento com nossos objetivos, um compromisso com o que desejamos realizar.

Alfredo Soares, um dos maiores nomes do e-commerce brasileiro e de soluções em e-commerce, nos falou um pouco sobre empreendimento e compromisso. Segundo ele, empreender é ter o compromisso de entregar ao mundo algo que faça a diferença.

Na verdade, empreender não se trata de uma profissão, nem ser dono de um negócio. Empreender é um estado de espírito. Você pode ser estagiário, pode ser universitário, pode ser um simples colaborador dentro de uma empresa e, ainda assim, assumir o compromisso de resolver um problema. Isso é empreender.

Soares ressalta: "Penso que o empreendedor tem essa coisa meio inquieta dentro dele, de querer desconstruir, construir de novo e fazer melhor. Ele tem um compromisso sério com o mundo e com as pessoas".

O empreendedor é um indivíduo viciado em problemas, porque ele sabe que é ali que está a oportunidade dele, é ali que ele vai criar a solução, vai ter um *insight*. Desse modo, podemos dizer que o empreendedor vive atrás de problemas para resolver.

Alfredo Soares nos alerta ainda para um fato muito interessante e verdadeiro: ao contrário do que a maioria das pessoas possa pensar, empreender tem muito pouco a ver com a busca por ganhar dinheiro. Por exemplo, se você é um empresário de sucesso e resolve vender a sua empresa, pode até imaginar que vai levantar dinheiro suficiente para não se preocupar mais com nada – claro, no caso de você pensar que o dinheiro é a solução para tudo e que muda a sua vida. Porém, se você é um genuíno empreendedor, mesmo que tenha a realização financeira, continuará em busca de problemas para resolver, simplesmente porque empreendedores vivem de detectar problemas, para que possam criar as soluções. Isso está no sangue do empreendedor. Isso faz parte do compromisso dele com seu propósito na jornada de sucesso.

Portanto, empreender passa realmente a ser um estado de espírito. É compromisso com a vida, com o mundo e com as pessoas.

Enfim, preenchidos todos os requisitos de que falamos até agora, cumpridos todos esses requerimentos, existe outro elemento também essencial, mas que muitas vezes fica esquecido: o sucesso exige uma visão maior do seu propósito, para que possamos efetivamente ter um resultado duradouro e completo. Em outras palavras, o sucesso precisa de um compromisso com o nosso propósito nesta vida.

É bom que tenhamos clara essa consciência, pois numa era marcada pelas frequentes inovações e mudanças, diariamente nos pegamos envolvidos com tantas responsabilidades que acaba sendo difícil manter um compromisso com aquilo que realmente importa. Desde o instante em que acordamos até o momento em que nos retiramos para descansar, passamos horas a fio atendendo a tantas demandas que, quando nos damos conta, o dia já terminou e deixamos para o dia seguinte coisas essenciais que precisavam de mais tempo, de mais cuidados e de mais atenção.

O grande dilema que vivemos é que passamos o dia em "envolvimento" com muitas coisas, mas nem sempre estamos "comprometidos" com as coisas que realmente importam.

Quando queremos realizar um sonho, seja na vida pessoal ou profissional, precisamos ter claro que, muito mais do que envolvimento, precisamos de comprometimento. Logo, ser comprometido é uma característica que o empreendedor de sucesso deve priorizar se quiser realizar suas conquistas. É preciso ter um profundo compromisso com sua visão e com a busca constante da excelência em tudo que tiver relação com suas metas.

Em resumo, o sucesso pode ser para todos, mas quem realmente o conquista é aquele que está comprometido com a própria história.

Quando buscamos alguém para modelar, para nos servir de referência, inspiração e motivação para a realização dos nossos próprios sonhos, precisamos nos atentar à forma como essa pessoa trata seus compromissos, o quanto ela é comprometida com aquilo que se propõe a realizar. Aquela pessoa que realmente nos interessará modelar, com toda a certeza, demonstrará ter um compromisso sério com tudo o que faz.

Pensando em termos de dedicação aos sonhos que quer realizar, você diria que está "envolvido" ou "comprometido" com eles?

Praticar a empatia

"Empatia é encontrar ecos de outra pessoa em você mesmo". Temos aqui uma definição surpreendentemente completa de empatia, se analisarmos com bastante atenção cada uma dessas palavras ditas por Mohsin Hamid, romancista, escritor e consultor de marca paquistanês.

Já no repertório do conhecimento popular brasileiro, empatia poderia ser definida como "a capacidade de vestir o sapato do outro, para sentir onde ele aperta". Esta também é uma definição esclarecedora.

Em dicionários, empatia é descrita como a ação de se colocar no lugar de outra pessoa, buscando agir ou pensar da forma como ela pensaria ou agiria nas mesmas circunstâncias. Ou ainda, a aptidão para se identificar com o outro, sentindo o que ele sente, desejando o que ele deseja, aprendendo da maneira como ele aprende.

Para resumir essa história, empatia nada mais é do que a capacidade de se identificar com uma pessoa e se colocar no lugar dela para tentar compreendê-la em sua essência. É a aptidão para se ligar com o outro, sentindo o que ele sente, aprendendo da maneira que ele aprende, desejando o que ele deseja.

A partir dessas definições, podemos perceber como a empatia tem um potencial incrível quando desejamos nos inspirar no modelo que outra pessoa representa para aquilo que buscamos. Afinal, para modelar alguém com mais profundidade, a empatia torna-se uma ferramenta excelente, que nos aproxima da pessoa a ser modelada.

Assim, quando nos imaginamos na mesma situação em que outra pessoa está, antes de tomar qualquer atitude, estamos sendo empáticos e evitando fazer algo que possa causar a ela algum tipo de desconforto.

A empatia é uma habilidade fundamental no local de trabalho. Além de criar laços entre os colaboradores, ela mostra que uma pessoa compreende, valoriza e se preocupa com as outras. Em uma organização, ser um líder empático é ser capaz de compreender os pensamentos e emoções dos membros de sua equipe e, de forma humana o bastante, lhes proporcionar não só suporte emocional pessoal, mas também passar-lhes a segurança e a confiança de que precisam para lidar com os desafios ou questões que podem estar atrapalhando o desenvolvimento de suas funções e de suas carreiras.

O empreendedor de sucesso tem consciência plena de que ele apenas tem sucesso porque seus colaboradores o ajudam a fazer o seu sonho acontecer. São eles que fazem a empresa ser o que ela é. Portanto, ele presta muita atenção à equipe, se preocupa com o bem-estar e o bom trabalho das pessoas e busca manter uma empatia com cada uma delas.

Para valorizar ainda mais seus colaboradores, o empreendedor que é um líder de sucesso não se limita a "mandar fazer". Ele mostra como se faz, e até faz juntamente com as pessoas, porque sabe que colocar-se ao lado da equipe gera uma empatia muito maior e cria uma sensação de pertencimento, o que aumenta a motivação do time e, consequentemente, melhora os resultados.

Como a estratégia que estamos focando nesta obra é a modelagem, trazemos aqui mais um bom exemplo de modo de pensar e agir de uma empresa em relação aos seus colaboradores que merece ser replicado por qualquer empreendedor em busca do sucesso: a Rota do Mar foi considerada uma das melhores empresas para se trabalhar no Estado de Pernambuco. Em 2017, ela ficou no Top 10 do ranking do *Great Place to Work*.

Quando perguntamos ao seu fundador, Arnaldo Xavier, o que ele considerava que tornava a empresa tão atrativa para se trabalhar, a resposta foi bem simples e direta: "Eu diria que é a qualidade, o respeito e a empatia que a gente tem com o colaborador. Esse é um dos grandes diferenciais da empresa hoje. A gente trata o colaborador de forma realmente diferenciada. Nós temos vários e vários planos de melhoras para o trabalho, sendo eles de ambiente, de clubes, enfim. É uma coisa que a gente tem feito desde o início das atividades, há mais de 20 anos. Eu acredito que as pessoas mais felizes produzem mais. É impressionante o quanto elas produzem e se dedicam mais. Elas têm mais motivação".

Na medida em que criamos empatia com nossos colaboradores e os valorizamos, eles passam a confiar mais em nós e se dedicam mais a servir bem os clientes e a valorizar a empresa de maneira excelente, além de produzirem mais e melhor.

Um líder, para desenvolver a empatia, tem primeiro que aprender a reconhecer seus próprios erros, a perdoar a si mesmo e compreender e aceitar que ninguém é perfeito. Isso é o que lhe dará um entendimento mais profundo sobre o ser humano, que o ajudará a se sentir unido aos seus colaboradores, o que criará confiança e motivação para todos juntos levarem o trabalho da organização para um novo patamar de qualidade e de resultados.

A empatia é importante porque nos permite entender melhor o mundo do outro e nos torna mais sensíveis às dificuldades do próximo, o que expande o nosso modo de pensar. Além disso, ser empático abre muitas portas, em todas as situações que possamos viver.

No ambiente familiar, a empatia permite que pais, filhos e irmãos entendam melhor o ponto de vista um do outro, se respeitem e lidem com os sentimentos alheios de forma mais positiva. No trabalho, ser empático permite que cada colaborador da empresa enxergue os outros como seres humanos, antes de os verem como simples profissionais a ocuparem cargos diversos. A empatia promove a união, o trabalho em equipe e evita competições vazias, que nada acrescentam à organização nem aos profissionais.

Quando vamos modelar alguém de sucesso, a empatia é um elemento muito importante. Primeiro, porque será a empatia daquela pessoa de referência com relação a nós que permitirá que ela se disponha a informar, ou mostrar, ou deixar entrever tudo o que realmente é importante no sucesso dela, para que possamos aproveitar o exemplo dela também em nossa vida. Depois, será a empatia que temos com essa pessoa que nos ajudará a compreender melhor não só os pontos importantes a serem modelados, mas também o processo como um todo devido à maior aproximação com o nosso modelado.

> **Você tem o hábito de ouvir outras pessoas com atenção? Tem uma curiosidade genuína e positiva sobre a vida de quem convive com você?**

Construir a liderança

Existe um provérbio africano que diz: "Se quer ir rápido, vá sozinho. Se quer ir longe, vá em grupo". O que significa, basicamente, que grandes objetivos são mais facilmente atingidos quando se tem uma equipe trabalhando junto com você. Ou seja, alcançar sozinho um sucesso consistente nem sempre é uma tarefa fácil, ou possível. Em grande parte das vezes, precisamos de ajuda para chegar onde planejamos.

O que nos leva a considerar o trabalho em equipe como fundamental para a construção do sucesso. E isso nos remete a uma questão fundamental: a liderança. Não basta administrar uma equipe, é preciso liderá-la verdadeiramente.

Como disse Peter Drucker, o pai da administração moderna, "gestão é fazer as coisas direito. Liderança é fazer as coisas certas". Fazer direito tem a ver com gestão, com a eficiência na execução de procedimentos e processos. Enquanto fazer a coisa certa tem a ver com a responsabilidade de liderar o time para produzir os resultados esperados – o que envolve uma relação de confiança entre líder e liderados. Uma boa liderança estabelece a visão, a missão e as estratégias que levarão a empresa ao sucesso. Uma boa gestão leva adiante as atividades necessárias para que a missão e os objetivos da organização sejam cumpridos com o menor uso de recursos possível.

Gustavo Caetano, líder em gestão e distribuição de vídeos on-line na América Latina, é um dos nomes que mais se destacam no cenário empresarial, em especial no quesito liderança. Conversamos com ele sobre esse tema e trouxemos aqui para você algumas das ideias desse grande empreendedor.

Gustavo considera que o empreendedor é alguém que gosta de criar coisas. Ele é um eterno inconformado, o que o mantém sempre em movimento, em busca de novos desafios e novas soluções.

Com essa característica, o empreendedor tem essa inquietude que o leva a estar sempre criando e avançando por novos caminhos. E, é claro, com essa disposição toda para investir nos negócios e evoluir, a tendência é que sua empresa cresça e tome dimensões que a tornem impossível de ser administrada somente pelo próprio empresário. Logo, ele vai precisar de pessoas em pontos-chave que o ajudem a tocar a empresa.

Não é difícil imaginar também que, se você tem uma empresa muito grande, seus negócios não podem depender somente de você. Você dá a ele o impulso que se faz necessário, mas, caso venha a se afastar dos negócios, a empresa precisará continuar andando bem. E nesse caso serão exigidas de você algumas habilidades muito boas de liderança para poder coordenar toda a equipe de assessores e colaboradores.

Para crescer de maneira sólida, toda empresa precisa de uma liderança empreendedora, que passa também esse perfil de inquietude para o time. Porque os negócios só crescerão se houver, a partir do empresário, uma orientação para que cada um busque a própria evolução e o crescimento da empresa. E só se consegue essa condição quando temos bons profissionais nos quadros da empresa, e quando o empresário é um líder que motiva essas pessoas, dá a elas uma direção, uma visão, um caminho, e as mantém seguindo em frente, sabendo aonde todos querem chegar.

É importante ter claro que a absoluta confiança da equipe no líder é fundamental para alcançar o sucesso. E essa confiança se conquista principalmente pela postura de quem lidera. Para inspirar seu time e motivá-lo a segui-lo, um líder deve ter a habilidade de conduzir as pessoas, principalmente pelo exemplo.

Entretanto, devemos considerar que muitos líderes são bastante eficientes em fazer as coisas direito, mas nem sempre são eficazes em fazer as coisas certas. Sendo assim, o líder verdadeiro é aquele que faz direito as coisas certas, já que sabe que, para completar sua missão, as duas coisas são igualmente necessárias.

A combinação entre eficiência e eficácia é o que dará a melhor direção para um líder que, investindo seu tempo em fazer a coisa certa, poderá se concentrar em fazer direito aquilo que tem que ser feito e, dessa forma, cumprir sua missão de conduzir a equipe para o sucesso nos objetivos que a empresa se propõe atingir.

Você diria que a sua liderança está de acordo com a visão, a missão e as estratégias que levarão sua empresa ao sucesso?

Acrescentar ousadia ao seu modo de agir

Uma frase de Graham Greene, jornalista e escritor britânico, que expressa todo o poder conferido a alguém que decide ser ousado, é: "Um único gesto de ousadia pode alterar toda a concepção do que é possível".

Muitas das grandes experiências na vida de um empreendedor chegam apenas com sua capacidade de assumir riscos. Portanto, a ousadia é uma qualidade que deve encabeçar a lista de requerimentos daqueles que desejam crescer, pessoal e profissionalmente.

Assumir riscos para alcançar um objetivo requer coragem para sair do lugar comum, fugir da mesmice do dia a dia e lidar com o medo do desconhecido e da incerteza, isto é, ir além do que a maioria está disposta a avançar.

Quando você resolve investir no seu negócio, está sendo um tanto ousado, porque, na maioria das vezes, esse é um risco que o empreendedor corre. E falando em investir no seu negócio, queremos apresentar a você o empresário Luiz Augusto Corrêa, com quem conversamos sobre esse tema.

Luiz Augusto Corrêa, fundador da Agência Um, líder de mercado no Norte e Nordeste e recordista do Prêmio Colunistas Norte-Nordeste, nos falou da importância dos investimentos para seus negócios: "Eu sempre procurei investir bastante, o que é uma coisa de que nunca me arrependi na minha vida, pelo contrário: em todos os momentos da minha vida empresarial, quando investi no meu negócio, eu tive retorno, quer seja em instalações físicas, quer seja na parte tecnológica, quer seja na contratação de talentos. Eu sempre tive retorno".

Preste muita atenção à importância do relato citado. E quando for escolher uma pessoa para ser o seu modelo de sucesso, observe e entenda de que forma ela lida com os investimentos nos próprios negócios. Esse é um dos segredos que vale muito a pena copiar.

A ousadia de investir sempre foi um motor potente na grande maioria dos negócios de sucesso. E isso passou a ser uma verdade ainda mais contundente hoje em dia, quando vivemos uma época em que tudo é informatizado e tecnológico, mutável e disruptivo, com mudanças cada vez mais velozes e exigências cada vez mais apuradas por parte dos clientes.

Para investir em seu negócio de maneira eficaz – seja investimento em dinheiro, em tempo, energia etc. – é preciso estar atento às tendências do mercado e sempre buscar suprir as novas necessidades da clientela. Afinal, como não é novidade alguma, ainda vale aquele antigo jargão que diz: "o cliente é rei" – muito embora muitas empresas andem se esquecendo disso e, a médio prazo, acabarão pagando um preço bem alto por esse erro.

Invista em seus negócios para gerar um diferencial competitivo. Seja ousado. Procure ver o que pode fazer melhor do que aquilo que já tem feito, sempre mantendo o foco no cliente.

A ousadia exige coragem para tomar decisões que podem mudar todo o rumo de seu negócio e da sua vida. Implica o enfrentamento do medo da mudança, a superação da relutância em aceitar o novo e seguir o fluxo do que o mundo nos exige cada vez mais rapidamente e de maneira inovadora. Só a ousadia torna possível encarar os grandes desafios para o sucesso, em especial nos negócios.

A ousadia é algo que requer energia e trabalho, autoconsciência, maturidade e convicção, exige coragem e comprometimento para que boas decisões sejam tomadas. Entretanto, é preciso ter consciência de que ser ousado não significa correr riscos sem pensar. Também não significa que você não tenha medo; apenas significa que é preciso ter a postura de não se deixar dominar pelo medo e que deve fazer de sua obstinação por seguir sua visão com convicção, algo que o mova para alcançar seus objetivos e sonhos.

É preciso coragem, persistência, determinação e força para seguir e principalmente liderar com ousadia. Desenvolver essas habilidades sempre ajuda a motivar outras pessoas a aderir e seguir sua visão, bem como a assumir mais riscos e a alcançar objetivos futuros – contribuindo dessa maneira para que objetivos comuns a todos sejam atingidos e realizados.

Embora ousar implique assumir riscos e, por isso mesmo, não há uma garantia plena de sucesso – afinal, os fracassos também fazem parte de toda jornada – só o fato de agir já é um grande avanço na direção do que buscamos.

Não importa o resultado que se obtenha, a ousadia é sempre positiva, já que, de qualquer forma, fracassando ou tendo sucesso, ela contribui para o crescimento pessoal e profissional, trazendo experiências nas tomadas de decisões, que ao final contribuem para nos tornar pessoas melhores e profissionais ainda mais resilientes e confiantes.

> **Qual você diria que é o seu nível de ousadia na busca pelo sucesso? É suficiente, ou você sente que precisa melhorar isso? O que você vai fazer a esse respeito?**

Assumir a responsabilidade

Jim Rohn, autor, empreendedor e palestrante norte-americano, nos alertou com as seguintes palavras: "Você deve assumir uma responsabilidade pessoal. Você não pode mudar as circunstâncias, as estações ou o vento, mas pode mudar a si mesmo. E isso é algo de que só você está encarregado". Ou seja, ele chamou nossa atenção para o fato de que devemos ser responsáveis por nós mesmos, pelos nossos resultados e pelo que geramos no mundo.

Ser responsável é assumir o compromisso com o seu destino e com os seus resultados – não só para o nosso próprio benefício, como também para gerar uma diferença positiva no mundo ao nosso redor. Ser responsável é tomar posse da autonomia pela nossa vida como um todo. É ser protagonista daquilo que só cabe a nós mesmos fazer. É dar direção à nossa vida, seja nos negócios, na área profissional ou no campo pessoal.

É preciso assumir a responsabilidade pelo objetivo que queremos conquistar e ter a disciplina exigida para continuar a fazer o que é preciso, pelo tempo que for necessário. Isso nos exige desenvolver uma estrutura adequada e bem planejada, para perseguir nossos resultados, assumindo a frente de cada movimento, buscando fazer as coisas acontecerem exatamente como desejamos.

Assumir a responsabilidade pelo seu sucesso e pela sua vida é parar de dar desculpas. Nossa querida atleta Hortência, ex-jogadora de basquetebol brasileira, considerada uma das maiores atletas femininas no seu esporte, nos chamou a atenção para o que é ser responsável pelo próprio destino quando disse: "Eu não quero desculpa, eu quero solução. Então, eu não trabalho com gente que só fica dando desculpas para mim; odeio gente que dá desculpas. Gente que dá desculpas são pessoas fracas. As pessoas têm que chegar já resolvendo os problemas".

Isso é bastante forte, principalmente vindo de alguém que conquistou todos os pontos mais altos do sucesso dentro daquilo que se propôs fazer. Hortência ainda segue falando sobre o tema responsabilidade, ao nos exortar a parar de dar desculpas quando alguma coisa precisar ser resolvida. Ela nos lembra que, assim como é possível dar uma desculpa, podemos também vir com a solução.

Enfim, se você está reclamando de que tudo está ruim, está tudo errado, mude o disco: vá em frente e faça algo para transformar essa situação. Faça alguma coisa diferente que leve à solução daquilo que não está bem.

Para anotar no topo de sua lista de pessoas a serem modeladas: Hortência, uma atleta de qualidade inquestionável, um excelente exemplo de mulher de sucesso que sempre saiu em busca de soluções e colheu vitórias que poucos conseguiriam ao menos imaginar.

Lembre-se: uma atitude responsável é uma qualidade altamente apreciada não só no mundo dos negócios, como também em nossa vida pessoal. Em tudo que fazemos na vida, especialmente quando buscamos o sucesso profissional, saber aceitar responsabilidades, tanto pelos erros quanto pelos acertos, é uma qualidade essencial.

Muitas são as pessoas que não só se negam a assumir a responsabilidade pelos fracassos, como também costumam assumir o papel de vítima das circunstâncias, culpando ainda os outros quando algo sai errado. O sucesso costuma passar longe de pessoas que têm esse tipo de atitude. Dar desculpas para o fracasso ou evitar assumir responsabilidade sobre suas ações é uma forma de se manter estagnado, no mínimo – sim, porque viver arrumando desculpas para tudo provoca, normalmente, muito retrocesso na vida de qualquer um.

A pior consequência de quem não assume a responsabilidade por seus atos e resultados é a autoestima abalada e a dificuldade cada vez maior de alcançar o sucesso. Culpar os outros pelo que nos acontece significa falta de fé em nós mesmos e na nossa capacidade de nos levantar por própria escolha, decisão e iniciativa. Portanto, a pessoa que não assume responsabilidades quando cai, ou permanece no chão ou procura se apoiar de modo inadequado na responsabilização de outras pessoas.

Os empreendedores de sucesso nunca fazem esse jogo de culpar alguém e nem se colocam como vítimas do destino. Seu objetivo é sempre assumir o controle da própria realidade, fazer o que precisa ser feito, quando precisa ser feito, assumindo a responsabilidade em todas as situações, seja no sucesso ou no fracasso. Eles compreendem e aceitam o fato de que os erros acompanham naturalmente o caminho do empreendimento, dos negócios e da própria vida. E sabem que, de fato, reconhecer seus erros e assumir responsabilidades os ajuda a aprender lições essenciais para alcançar aquilo que almejam.

Repare nas palavras e comportamentos de uma pessoa de sucesso consistente, que seja digna de ser modelada. Você verá que ela não usa termos como "as coisas nunca dão certo para mim, não tenho culpa, sou um azarado mesmo, isso só acontece comigo...". Muito pelo contrário, a pessoa prioriza sempre ideias como "sou eu quem define meus resultados, assino embaixo de tudo o que faço, eu é que traço o meu destino, consigo sempre que as pessoas certas colaborem comigo, ...". E mais ainda: suas atitudes são assertivas e positivas e sempre condizem com aquilo que ela diz.

É você quem define os próprios resultados? Você costuma se responsabilizar por tudo o que faz? Em relação a isso, existe algum ponto em que você sente que precisa melhorar?

Eleger seus motivadores do sucesso

Ninguém chega a lugar algum se não tiver motivação para colocar o pé na estrada e se manter nela até alcançar o que quer. Motivação é essencial em tudo que nos propomos a fazer.

Os motivadores com que podemos contar são os mais diversos. Podemos nos motivar por uma necessidade pessoal, por exemplo, quando temos de resolver certas situações em nossa vida e sabemos que só conseguiremos se nos empenharmos em determinadas ações necessárias; isso por si só já pode se tornar um grande motivador.

Também podemos nos motivar por um sentido de contribuição, por um desejo de deixar algo de bom neste mundo e colaborar para fazer uma diferença positiva na vida das pessoas. E então iremos mais a fundo nessa nossa vontade de contribuir e focaremos no que podemos chamar de propósito. Fazer algo por uma razão especial e benevolente, que podemos chamar de propósito de nossa vida, transforma-se no maior de nossos motivadores.

Ainda podemos sempre contar com dois outros grandes motivadores: sonhar com coisas que queremos realizar e o prazer de estar trilhando a jornada que nos levará à realização de nossos sonhos. Afinal, apesar de a jornada de sucesso ser difícil, ela não precisa ser dolorosa. Ela pode perfeitamente estar plena do prazer de realizar.

Os motivadores são muitos. Vamos, a seguir, falar um pouco de alguns deles para exemplificar, mas com certeza você mesmo será capaz de encontrar seus próprios motivadores, aqueles que irão fazer com que você esteja sempre pronto para levantar todos os dias cheio de energia para buscar o seu sucesso.

Focando na contribuição

"Sucesso é fazer uma diferença positiva para outras pessoas, especialmente ver os outros crescerem, terem também sucesso e prosperarem como resultado da própria pequena contribuição". É assim que o executivo e empreendedor asiático Azran Osman Rani pensa sobre o ato de contribuir e como isso se liga ao sucesso verdadeiro.

Nessa frase está embutida uma das mais fortes definições de sucesso verdadeiro. Porque não basta somente você ganhar com os resultados do seu negócio, ou dos empreendimentos a que se dedica, ou mesmo de ações simples que empreende. É preciso contribuir para que outros também ganhem e cresçam ao seu lado. Ajudar o próximo é muito mais do que um simples ato de generosidade. É a base de todo resultado que cresce com consistência. O próprio Napoleon Hill já defendia a ideia de que podemos ter mais sucesso e com maior velocidade quando ajudamos os outros a também terem sucesso.

Quando você empreende, ajudar o próximo pode ganhar uma conotação bem específica e diferenciada, que fará toda a diferença nos seus resultados: atender plenamente às necessidades do cliente.

E é exatamente nesse ponto que costumam acontecer os grandes acertos e também enormes erros. Por melhor que seja uma ideia, se ela não estiver de acordo com uma necessidade real do mercado, mais especificamente daquilo que o seu cliente deseja de verdade, de nada valerá. De nada adianta ter ideias geniais se o mercado não precisa ou não quer o seu produto ou serviço.

Halim Nagem é o responsável pelas empresas Nagem, que atuam no setor de informática e se baseiam na inovação para nortear suas ações e a seleção de produtos oferecidos aos clientes. Seu modo de pensar e as estratégias adotadas em seus negócios o tornam um excelente candidato a ser modelado por quem está trilhando um caminho de empreendedorismo.

Halim nos brindou com a sua visão diferenciada sobre a importância de manter o foco no cliente. Segundo ele acredita, é preciso, sim, inovar, mas, embora a inovação seja fundamental, ela por si não é o principal. Para escolher um produto hoje para oferecer ao seu cliente, você precisa saber quem é a indústria que o está trazendo, qual é a qualidade embarcada, qual é o pós-venda, qual é a atenção que ele tem com o cliente. Isso tudo faz com que você tenha um produto excelente, de tecnologia, de qualidade, mas também deixa seu cliente, seja pessoa física ou jurídica, satisfeito. Porque você não pode ter só um produto de boa tecnologia, mas também a satisfação, seja do capital humano, seja dos clientes. Então, a inovação é importante, mas não é o ponto principal. Ela faz parte de um contexto geral do que a gente precisa oferecer aos nossos clientes, para atender verdadeiramente às suas necessidades.

Halim Nagem fez questão de reforçar a ideia de que a inovação é bem-vinda e deve ser buscada, porém tudo tem que ser de acordo com o que o cliente quer ou precisa. A sua contribuição verdadeira para as pessoas e para o mundo só acontece quando você conhece a fundo as necessidades do seu cliente, para ajustar corretamente seus produtos e serviços e os seus planos de conquistar ou manter um mercado sólido e consistente.

Na história de quase todos os empreendedores bem-sucedidos existem duas lições muito importantes, que devem servir de motivação para os aspirantes a ter o próprio negócio, ou para aqueles que simplesmente almejam ter uma vida mais plena, seja em que área for.

Uma delas é que *o sucesso raramente é alcançado sozinho*. Portanto, crescemos mais à medida que as pessoas envolvidas no nosso negócio também crescem. De fato, o sucesso dessas pessoas se transforma no nosso sucesso quando buscamos a oportunidade de dar poder de crescimento a elas, procuramos habilitá-las, incentivá-las e promovê-las durante o processo de construção e evolução do nosso negócio.

A outra lição a ser aprendida é que *o verdadeiro sucesso não é medido por aquilo que você conquistou para si mesmo*, mas por aquilo que você realizou para ajudar a melhorar a vida de outras pessoas.

Nossa contribuição para a humanidade deve ser medida por algo mais significativo do que o tamanho da nossa casa, ou o modelo do nosso carro importado, ou o saldo em nossas contas bancárias – e aqui não estou dizendo que esses itens não sejam importantes e, muitas vezes, até mesmo essenciais na nossa vida.

O que é importante entender é que o nosso maior sucesso na vida, os nossos momentos de maior satisfação, precisam estar vinculados a ajudar os outros a terem sucesso também. Nossas conquistas mais duradouras e gratificantes costumam ser as que alcançamos ajudando outras pessoas a realizarem as próprias conquistas. O grande palestrante norte-americano Zig Ziglar já nos chamava a atenção para este fato quando afirmava que "você pode ter tudo o que quiser se ajudar outras pessoas a terem o que elas querem".

E ainda podemos acrescentar que, como disse Chris Brogan, CEO do Owner Media Group, "o sucesso não tem nada a ver com olhar para o próprio umbigo. Ao contrário, trata-se 100% de alcançar e ajudar outras pessoas. O empreendedorismo é, na verdade, a ação de dar aos outros e servir aos outros e, em seguida, extrair algum valor disso".

O que você anda realizando para ajudar a melhorar a vida de outras pessoas?

Levando em conta sua necessidade pessoal

"Nada tem mais força do que a extrema necessidade". Por mais incrível que pareça, essa é uma frase de Eurípides, poeta grego da antiguidade, que já naquela época, tantos séculos atrás, percebia a força que existe no homem quando ele necessita de algo em sua vida.

Sem dúvida, a necessidade pessoal é uma poderosa ferramenta que leva a pessoa a construir o sucesso. Uma necessidade extrema pode servir como forte elemento motivacional para que ela saia da miséria para a riqueza, saia do fracasso para o sucesso, enfim, para que ela vire a mesa e transforme a própria vida e a de muitas pessoas à sua volta.

São várias as razões que levam as pessoas a desejarem empreender. Enquanto para algumas a motivação está na oportunidade de autonomia, independência, desafio, conquista e sucesso financeiro, para outras o grande impulsionador é uma necessidade pessoal, algumas vezes simples, outras vezes muito forte, até mesmo ligada à condição de sobrevivência da pessoa.

O empreendedor Antonio Camarotti, da BPP Publicações e Participações, ilustrou esse tema com fatos da própria trajetória empresarial. Conforme comentou, ele começou a empreender por uma necessidade pessoal, antes mesmo dos catorze anos. Já nessa idade, ele sentia necessidade de ter alguma renda para bancar suas demandas pessoais. Precisava trabalhar, mas descobriu também que tinha um sério problema: não aceitava receber ordens, porque, segundo ele mesmo afirma, era muito insubordinado. Logo, como não dava para ser empregado, "porque eu sentia que seria um desastre no longo prazo, pois não iria durar muito tempo em emprego nenhum", a alternativa foi empreender o próprio negócio.

A partir dali, cultivando sempre sua veia empreendedora, Camarotti passou a vender de porta em porta os quitutes deliciosos que a mãe fazia – ela era uma cozinheira de mão cheia e ele percebeu que "seria legal vender aquelas delícias", conforme ele mesmo comentou – e foi nessa época que ele se percebeu como um vendedor nato. Assim, juntou a necessidade de ter renda às habilidades em vendas e à oportunidade que identificou, e então começou o seu primeiro empreendimento em um prédio onde morava, em Belém do Pará.

Mais tarde, quando estava com dezoito anos, Camarotti resolveu morar nos Estados Unidos para fazer um curso de inglês. E como o dinheiro que tinha na época não era suficiente, precisou novamente empreender para gerar renda. Começou a dirigir uma van, a fazer *transfer*, foi guia de turismo. Com tão pouca idade, ele já estava empreendendo nos Estados Unidos.

Esses, assim como muitos outros que você mesmo provavelmente conhece, são bons exemplos de empreendimentos que começaram por uma necessidade pessoal do empreendedor.

Podemos dizer, a grosso modo, sem considerar cada situação especificamente, que empreender por necessidade não costuma ser a opção mais conveniente. Mas, muitas vezes, é a única que se apresenta como esperança na vida da pessoa. Então, ela precisa se preparar para encarar esse desafio.

Para os empreendedores por necessidade, abrir o próprio negócio pode significar a única chance de ter uma renda complementar, que venha atender às necessidades básicas do dia a dia. Esse é o tipo de empreendedor que se arrisca muitas vezes, em diferentes negócios, por pura falta de uma opção mais consistente.

Em geral, o empreendedor por necessidade é aquele que não teve acesso à educação formal, ou de qualidade, aquele que perdeu o emprego e se aventura nos negócios – não por ter uma ideia boa, mas por precisar gerar renda e se sustentar. É aquele que, com fé, muito esforço e muita luta, segue em frente na esperança de um dia ter uma vida melhor.

Embora chegar ao sucesso não aconteça para todos os que se arriscam por esse caminho, a verdade é que na história do empreendedorismo existem muitos casos de pessoas que tiveram uma origem pobre – e que, portanto, começaram a empreender por pura necessidade pessoal – e ao longo do tempo se tornaram bem-sucedidas, prósperas e até muito famosas. O que prova que determinação, coragem e perseverança importam mais do que ter nascido em berço de ouro. Para essas pessoas, a origem pobre e em condições desfavoráveis não as impediu de chegarem ao auge do sucesso; pelo contrário, ter nascido humilde e querer mais da vida foi desde muito cedo o grande motivador para sua transformação e o seu sucesso.

Mesmo em uma situação extrema, de empreender até mesmo por falta de opção, em que a necessidade é que dá as cartas, é possível construir um sucesso muitas vezes ainda mais consistente e duradouro do que quando se encontram muitas facilidades pelo caminho. A vida está cheia de exemplos de homens e mulheres que saíram de situações bem difíceis, viraram a mesa, deram a volta por cima e sustentam um sucesso glorioso.

Ao empreender por necessidade pessoal, a modelagem também se torna um fator fundamental. É nesses casos de dificuldades extremas que precisamos ter alguém em quem nos inspirar, para manter a motivação quando os tempos ficam mais difíceis. Precisamos ter diante de nossos olhos alguém cuja história de vida seja o nosso modelo de atitude e compromisso com a vitória, uma pessoa que claramente deu a volta por cima.

Busque ao seu redor e descubra empreendedores que começaram a construir o próprio negócio por pura necessidade, porém que já deram certo na vida, que hoje têm um sucesso consistente. Sim, eles existem e são muitos. Você pode conhecer alguns exemplos consultando a lista – ao final desta obra – de empreendedores de grande sucesso que colaboraram conosco no levantamento para a escrita deste livro.

Você só precisa encontrar – dentro do seu convívio, se possível, ou mesmo entre as pessoas de sucesso reconhecidas no mundo – alguém que se adeque ao seu perfil de negócios, que lhe cause admiração e que você sonhe realizar algo parecido com o que aquela pessoa fez. Depois, modele aquela pessoa, para que suas chances de sucesso passem a ser mais significativas.

Qual é a necessidade pessoal mais forte que você reconhece como o grande impulsionador da sua busca pelo sucesso?

Valorizando o prazer de trabalhar

Alan Wilson Watts, filósofo britânico que difundiu a filosofia oriental para o público ocidental, nos alerta com a frase a seguir sobre a necessidade de que a busca pelo sucesso seja prazerosa: "Este é o verdadeiro segredo da vida: estar completamente envolvido com o que você está fazendo aqui e agora. E, em vez de chamar isso de trabalho, perceba-o mais como uma boa brincadeira".

Sinta prazer em trabalhar em seu negócio, ou naquilo que você faz. Pegue muito gosto e faça tudo com muito amor e carinho. Transforme o seu trabalho em uma paixão e tudo dará certo. Quando sente prazer naquilo que faz, você se desenvolve mais, executa as coisas com muito mais propriedade, produz mais e se cansa menos.

Esse negócio de "trabalhar demais", como muitos alegam, depende somente do quanto amamos o que fazemos. Sendo apaixonado pelo seu negócio, pelas suas atividades, pelo que você faz, trabalhando com o coração, você transforma esse trabalho em lazer e ganha uma disposição extraordinária. Bem disse Confúcio: "Escolha um trabalho que você ame e não terás que trabalhar um único dia em sua vida". E o escritor Richard Bach corroborou: "Quanto mais quero fazer algo, menos eu o chamo de trabalho".

Portanto, a primeira coisa para você dar certo na vida é fazer o que faz sempre com muito prazer. Assim, não estará trabalhando, mas se divertindo. Se você ainda não conseguiu trabalhar com aquilo que é a sua paixão, pelo menos procure aprender a gostar daquilo em que trabalha hoje e sentir prazer no cotidiano.

Para ter sucesso você vai ter que trabalhar muito. E correr riscos. Então pelo menos faça algo que lhe seja prazeroso.

Você sente prazer em trabalhar em seu negócio, ou naquilo que você faz? O que você pode fazer hoje para pegar mais gosto pelo seu trabalho?

Manter-se na busca dos próprios sonhos

Nossa existência é pautada pelas nossas conquistas, e os sonhos funcionam como encorajadores de ações para realizá-los. São eles que costumam despertar em nós os mecanismos de ação que levam ao sucesso. Nossos sonhos são o bem mais precioso que temos, pois nos ajudam a nos transformar naquilo que mais desejamos. Pessoas que sonham grande e lutam pela realização dos próprios objetivos costumam ter mais sucesso.

Elbert Hubbard, filósofo e escritor norte-americano, escreveu: "Os sonhos podem se tornar realidade, mas há um segredo. Eles são realizados através da magia da persistência, determinação, comprometimento, paixão, prática, foco e trabalho duro. Eles acontecem um passo de cada vez, manifestados ao longo de anos, não de semanas".

Pedro Lima, presidente do Grupo 3 Corações, líder do segmento de cafés no Brasil, nos falou bastante sobre a importância de sonhar e trabalhar para realizar esses sonhos. Ele reconhece que se tem uma coisa que grandes empresários têm em comum é a vontade de trabalhar para realizar seus sonhos.

Ainda muito jovem, Pedro assumiu o pequeno empreendimento do pai, sr. João Alves de Lima, que tinha no mesmo lugar uma padaria, uma fábrica de sabão e um negócio de café. A seguir, ele se juntou aos dois irmãos, Paulo e Vicente, para investir em uma nova empreitada, um negócio chamado JAL, em homenagem ao pai. Começaram a vender café e essa iniciativa foi o embrião a partir do qual surgiu o que hoje é uma das maiores potências da atualidade no ramo do café: o Grupo 3 Corações.

Pedro é um sonhador e faz questão de dizer que toda sua vida foi inspirada em sonhos. E que sempre batalhou muito para transformar esses sonhos em realidade. Alguns ele conseguiu realizar, outros não, mas continua sendo um eterno sonhador. E confirma que, na sua vida, o que mais o desafia é conseguir realizar um sonho.

Pedro Lima diz claramente: "Vivo sonhando o tempo todo. Eu tenho muitos sonhos e a vida é curta. Minha ideia é conseguir realizar boa parte dos sonhos que tenho, durante a minha vida. Por isso, sempre busco transformar meus sonhos em um projeto e, com metas, disciplina e muito trabalho, procuro realizar esses sonhos".

Pedro ressaltou ainda que acredita em um ditado que diz que pessoas boas atraem gente boa. E que, quando temos sonhos bons, quando tudo o que se faz é de bom e para o bem, a natureza e o universo conspiram a nosso favor.

A verdade é que o trabalho na busca pelo sucesso realiza sonhos, ajuda você a se preparar para concretizar seus sonhos. Ele possibilita criar as condições necessárias para realizar seus desejos, atingir suas metas e objetivos de vida. É importante viver sonhando o tempo todo. Mas vá mais além: transforme seus sonhos em projetos de vida, com metas bem definidas. Então busque os sonhos com bastante disciplina e inclua nessa receita muito trabalho. Afinal, como disse Peter Drucker, o pai da administração moderna, "os planos são apenas boas intenções, a menos que se convertam imediatamente em trabalho duro".

Não podemos abrir mão dos sonhos, se queremos realizar algo. Porém, também não podemos esquecer que o ingrediente principal para transformar nossos sonhos em realidade é, com certeza, muito trabalho. Sucesso e prosperidade podem ser inspirados por sonhos, mas precisam ser construídos com um trabalho realizado dentro de um propósito de vida.

Como você tem tratado os seus sonhos? Isso vai levá-lo ao sucesso? O que você sente que precisa fazer para atingir seus objetivos?

Fazer tudo com um propósito

O trabalho com propósito traz realização. Como afirmou Theodore Roosevelt, um dos mais respeitados presidentes que os Estados Unidos já tiveram, "de longe, o melhor prêmio que a vida tem a nos oferecer é a chance de trabalhar duro em algo que vale a pena fazer".

Sem dúvida alguma, poder ver materializados no mundo os resultados de um trabalho que fizemos é algo muito gratificante. Poucas coisas se comparam a poder ver o sorriso de satisfação e o brilho de felicidade nos olhos de alguém cujos sonhos ajudamos a realizar.

O grande segredo para que as nossas ações nos tragam ainda mais realização é ter um propósito agregado a elas. É preciso ter sempre a certeza de que você está trabalhando para o bem dos outros, para um propósito maior. Quando isso acontece, você ganha forças para não desistir nunca.

Se você estiver incerto sobre o resultado daquilo em que está trabalhando, ou se estiver trabalhando apenas pelo próprio interesse, ou pelo dinheiro, você não terá força suficiente para lutar quando os desafios e obstáculos surgirem. Ter um propósito é o que diferencia as pessoas de sucesso daquelas que trabalham apenas porque essa é a única opção de sobrevivência.

Tenha a convicção de que quer trabalhar com o que escolheu, em que decidiu investir tempo, dinheiro e energia. Mais do que isso, esteja certo de que haja um propósito maior e melhor por trás de tudo o que você faz.

Não importa de onde você vem, a realidade que vive ou experimenta, nem as adversidades a que é apresentado. Se você tem um propósito definido, uma grande vontade, se tem foco e determinação, se é persistente e trabalha forte o suficiente, não existe o inatingível. Essa é a certeza de realização que o trabalho com propósito, feito com intensidade, dedicação e paixão, nos proporciona.

Se o sonho que você alimenta é ser um empreendedor de sucesso, antes de começar a empreender analise com calma e verifique se quer apenas deixar de ser empregado, ou se realmente quer empreender. Avalie se você tem um propósito forte o suficiente que o mantenha disposto a correr riscos, como um empreendedor tem que correr, e se está disposto a trabalhar dezesseis horas por dia, se for necessário, sem ter certeza ou garantia alguma dos resultados a cada dia. Lembre-se que ter um propósito forte é o que vai sustentar o seu sonho e a sua determinação nos tempos mais difíceis.

Se você busca a felicidade, trabalhe forte na coisa certa, apoiado em um propósito. Porque o máximo de realização que se pode obter do trabalho está associado à nossa própria felicidade. Trabalhe com dedicação, lembrando sempre do que disse Benjamin Franklin: "O homem verdadeiramente feliz é aquele que trabalha. O homem ocioso é um miserável infeliz".

Você tem claro qual é o seu propósito, qual é a razão que o move a fazer o que tem feito?

Lançar mão de potencializadores do sucesso

Existem posturas que efetivamente potencializam o nosso sucesso. Por exemplo, pensar positivamente gera melhores resultados do que pensar negativamente; agir com confiança nos torna mais aptos a realizar o que queremos do que duvidar de nós mesmos ou das pessoas com quem trabalhamos; ter esperança de realizar funciona em nossa vida muito melhor do que simplesmente nos abandonarmos ao desânimo. E assim também funciona com a fé, que nos mantém mais energizados do que se nos entregássemos ao erro de achar que devemos controlar tudo na nossa vida, e o mesmo acontece com a gratidão, que nos fortalece muito mais do que simplesmente manter uma postura de ingratidão e reclamar de tudo. Com a postura certa, iremos muito mais longe e desfrutaremos mais da jornada. Por isso mesmo, vamos trabalhar um pouco com essas ideias nas páginas a seguir, para que tenhamos sempre uma visão que potencialize o nosso sucesso. Sempre nos lembrando, é claro, que essas posturas são excelentes opções de características que devemos procurar modelar das pessoas que admiramos e que já têm o sucesso que buscamos.

Construir a confiança

"A base do êxito está na confiança". É assim que João Alberto Catalão, empreendedor e palestrante de renome internacional, compartilha conosco esse consenso entre os empreendedores de sucesso quando o assunto é relacionamentos.

Pessoas de sucesso constroem, durante a vida, uma habilidade que as tornam capazes de identificar com relativa facilidade pessoas em quem podem e em quem não podem confiar.

Ter confiança em alguém é acreditar em sua sinceridade, em sua lealdade, ou ainda em sua competência. Confiança também é a crença de que algo, ou alguém, não falhará, que o trabalho em questão será bem-feito ou ainda que a pessoa é perfeitamente capaz de cumprir a função a que se propõe.

A existência de confiança entre você e seus colaboradores, qualquer que seja o seu negócio, entre os profissionais de sua equipe, entre seus funcionários, colaboradores e, principalmente, a confiança de seus clientes em sua empresa, é algo de extrema importância. Portanto, é fundamental para qualquer empresa ser orientada por valores como honestidade e integridade, de modo a estimular a confiança na liderança e na ética dos negócios.

A confiança deve ser cultivada em todos os setores de uma empresa que busca o sucesso – e, no que toca aos clientes, ela começa a ser conquistada oferecendo-se excelentes produtos e serviços a todos.

Gisele Paula, sócia e diretora comercial do site Reclame Aqui, nos falou sobre o que constrói a confiança dos clientes em uma empresa. Segundo ela, a reputação é tudo. Porém, é preciso observar que a construção de uma reputação leva anos, enquanto a destruição dela acontece rapidamente, muitas vezes em questão de segundos. Por isso, um relacionamento de respeito com o cliente é fundamental.

Para estabelecer um bom relacionamento com o cliente, seja ele atual ou futuro, é necessário antes de tudo conhecê-lo e saber do que ele realmente precisa. Isto faz o planejamento e o estudo do público de grande importância, pois permite criar estratégias de relacionamento e marketing mais assertivas, com maior chance de atingirem o objetivo. Porém, isto não basta. Segundo Gisele, o que uma empresa mais deve valorizar no processo de relacionamento com o público é a transparência e a disposição para resolver a dor do cliente.

Gisele alerta que precisamos considerar que o consumidor é um ser humano e que, do outro lado, na empresa, há também pessoas, seres humanos. Assim, o cliente até entende que a empresa pode falhar, pode errar, porque são pessoas que estão lá do outro lado fazendo seu trabalho. Porém, quando a empresa erra, o cliente espera ouvir um pedido de desculpas, algo como: "Lamentamos muito, falhamos com você, mas vamos corrigir".

No entanto, muitas empresas não se preocupam em se desculpar por um erro, por puro descaso com o cliente, e outras, quando erram, pensam que o melhor é não pedir desculpas, porque assim vão admitir que erraram, que falharam, o que pode manchar sua imagem. E é exatamente esse tipo de postura que começa a minar a confiança do consumidor.

A partir do momento que você reconhece o erro e se desculpa, aquele cliente se torna mais fiel e mais feliz com sua marca. Esse é o primeiro ponto para você construir um relacionamento sólido com o seu público. É importante entender que problemas toda empresa tem; a boa empresa é aquela que sabe resolver esses problemas.

Gisele nos explicou que existe uma espécie de pirâmide das necessidades do cliente, onde na base estão representados os elementos essenciais que uma empresa precisa ter, além da transparência, para adquirir confiança. A empresa precisa garantir o básico para o cliente, para só depois ir para as necessidades que não são tão urgentes, que são algo extra que se pode oferecer.

Na pirâmide de necessidades do cliente, os básicos que você tem que garantir a ele são o bom preço, um bom serviço, uma boa entrega. E, se ele precisar falar com você, é preciso disponibilizar os meios para que ele faça o contato, e então atendê-lo prontamente e resolver o problema dele. Feito isso, ou seja, o arrozinho com feijão, o cliente está feliz.

Agora, se, depois que você fez isso, quiser fazer algo mais para esse cliente, aí você superará a expectativa dele, gerando mais reputação, mais confiança – explicou Gisele: "A facilidade na solução de problemas é uma das principais atenções que se deve dar para o cliente; e também é algo que gera confiança, gera reputação".

Sem dúvida, entre todos os níveis de confiança desejáveis para o sucesso de uma empresa, o que mais tem poder e valor é a confiança de seus clientes. Isto é o que realmente define os rumos e os resultados de um negócio. Deste modo, é preciso assegurar que o seu negócio seja tudo o que seu cliente precisa, isto é, que seus produtos, serviços e relacionamentos com os clientes estimulem sempre a confiança deles em sua empresa.

Enfim, construir a confiança nos diversos níveis de relacionamentos é uma das bases mais fortes para se estabelecer um sucesso consistente e duradouro. Seja esse sucesso no campo empresarial, seja no campo das nossas relações pessoais.

E aqui cabe uma observação: toda a confiança que envolva outra pessoa nascerá antes da confiança que você tem em si mesmo e em seus projetos e ações. Portanto, o primeiro passo a se trabalhar é a autoconfiança.

Falando em termos de modelagem, quando decidimos replicar o exemplo de uma pessoa de sucesso, a confiança que temos nela é um dos componentes fundamentais para a nossa tomada de decisão. Sem confiança naquele que será o nosso modelo, nem mesmo começaríamos a considerar a possibilidade de modelá-lo.

Na prática você tem cultivado a confiança diariamente, em todos os setores do negócio, ou da sua vida pessoal, enquanto busca o sucesso? E quanto à sua autoconfiança? Como ela anda?

Fomentar a esperança

Roy T. Bennett, escritor e entusiasta do pensamento positivo, afirmou: "Nunca perca a esperança. Tempestades tornam as pessoas mais fortes e nunca duram para sempre".

É claro que não podemos jamais deixar de levar em conta o papel e a importância da esperança no caminho da construção para o sucesso. Ela é fundamental para nos manter motivados na jornada, principalmente diante de tantos desafios e obstáculos que com certeza surgirão durante a trajetória.

Todavia, é preciso ter claro o que significa essa tal de "esperança". Só assim é possível usá-la a nosso favor, da forma correta e que realmente traga resultados. Para começar a pensar claramente sobre isso, podemos partir de algumas definições, como:

- *Esperar*: significa ter esperança em, contar com, ou até mesmo esperar por um milagre. Mas cuidado, pois pode ser também sinônimo de não agir, não tomar decisões.
- *Esperança*: é o sentimento de quem vê como possível a realização de algo que deseja; demonstra confiança na ocorrência de coisas boas.
- *Esperançar*: significa dar ou ter esperança, animar-se, estimular-se.

Conceitualmente falando, as diferenças parecem não ser tão significativas. Porém, esperar e ter esperança não são exatamente coisas iguais. Ou melhor, podem até mesmo ter sentidos opostos. Em resumo, o grande cuidado que precisamos ter resume-se nesta frase: Tenha esperança, mas não fique parado, esperando. É preciso ter esperança para chegar ao sucesso, à realização do sonho. Mas é preciso também agir nessa direção.

Portanto, muito cuidado. Como alertou Mário Sérgio Cortella, filósofo brasileiro: "Há pessoas que têm esperança do verbo 'esperar'. É preciso ter esperança do verbo 'esperançar'".

Que fique claro, então: esperança, para quem busca realizar algo, precisa significar "a sensação de que o que se deseja pode ser obtido ou que os acontecimentos futuros serão os melhores possíveis". Portanto, todos precisamos desse sentimento para seguir firmemente rumo ao sucesso.

Outro ponto a considerar é que a esperança precisa se tornar uma chamada para a ação, para sonhar, para explorar possibilidades. Precisa ser uma esperança ativa. Somente assim ela se tornará um dos sentimentos mais poderosos a serviço do sucesso.

Dentro dessas considerações, ter esperança nos faz nos movermos adiante, perseverar na busca dos nossos sonhos e ter vontade de abraçar o futuro, sem nunca perder o entusiasmo.

A esperança usada de modo correto, produtivo, motivador é o principal fator de sucesso em qualquer tipo de empreendimento. É ela que inspira as pessoas a acreditarem que seus sonhos e aspirações podem ser realizados.

Uma empresa que cultive a esperança entre seus funcionários faz com que estes acreditem em um futuro melhor e os incentiva a contribuírem ainda mais para o crescimento da organização.

Pessoas com altos níveis de esperança têm emoções mais positivas e mais intensas, o que ajuda a se sentirem mais no controle da própria vida e as torna mais flexíveis para alcançar seus objetivos.

Agora, uma vez que o tema desta obra é a modelagem do sucesso, sugerimos que você pare a leitura neste momento, por alguns minutos, e escreva o nome de três possíveis pessoas a modelar, três exemplos para que possa desenvolver e aprender a usar melhor a esperança na vida.

Ponto de verificação
responda à questão: A esperança que você nutre é do tipo que o faz desejar mover-se adiante, perseverar na busca dos sonhos e ter vontade de abraçar o futuro, sem nunca perder o entusiasmo?

Apoiar-se na fé

O melhor jeito de começar a falar sobre fé é buscando algumas referências na Bíblia. Por exemplo, de Hebreus 11:1, trouxemos a orientação: "Ora, a fé é o firme fundamento das coisas que se esperam e a prova das coisas que não se veem".

O que significa que é preciso acreditar que é possível, mesmo quando nossos sonhos e projetos ainda estão apenas em nossa mente. É preciso ter fé em nós mesmos, na vida e, acima de tudo, em Deus – independentemente de como você lida com a ideia de um ente superior à sua existência.

Voltaire, o escritor e filósofo iluminista francês, escreveu que "a fé consiste em acreditar quando está além do poder da razão acreditar". E é essa fé que faz tudo acontecer, que faz tornar-se realidade tudo aquilo que ousamos imaginar.

A fé facilita nos movermos mesmo em meio a qualquer tormenta, diante de qualquer desafio, quando tudo parece estar contra o que desejamos. Ela nos traz a tranquilidade para prosseguir, apesar dos obstáculos. A fé contorna a ansiedade e nos permite a serenidade necessária para seguir em frente. Ela dá um sentido maior para nossa vida e alivia as nossas preocupações.

Essa é a função da fé: nos garantir paz de espírito e tranquilidade para continuarmos em frente, lutando por nossos sonhos e pelo sucesso, sem gastar energia com preocupações desnecessárias e infundadas.

Entretanto, quando perguntados sobre as características fundamentais que se deve ter para alcançar o sucesso, as respostas mais frequentes entre os empreendedores são: paciência, consistência, coragem, determinação e pensar fora do quadrado. A fé é uma das características pouco mencionadas e, mesmo quando lembrada, não recebe a devida importância no rol de recursos necessários na caminhada daqueles que decidem se aventurar em busca do sucesso. Grande parte desse comportamento se deve ao fato de se associar a fé a algum tipo de religião, o que parece não combinar muito com empreitadas mais materialistas.

Entretanto, o fato é que, independentemente daquilo em que cada um acredita, não existe empreendimento que não possa se beneficiar de um pouco de fé. Simplesmente porque por trás de todo empreendimento existe um ser humano que, ao se apoiar na fé, angaria melhores condições emocionais para lidar com as dificuldades.

A fé está presente em todos os passos que permeiam os seus sonhos. A própria intenção de abrir um negócio já demonstra que você está sendo movido pela fé que o seu empreendimento será bem-sucedido. Afinal, ninguém inicia um jogo pensando em perder; assim, antes de qualquer qualidade, o empreendedor precisa acreditar naquilo que está fazendo e no que está buscando, mesmo sem ainda ter resultados concretos – e isso é a própria definição de fé.

O sucesso é caprichoso e, além de muito trabalho, nos exige coragem para enfrentar as adversidades, quase sempre inesperadas. Os muitos desafios trazem oportunidades, mas também a consciência da nossa limitação, ou seja, a compreensão de que nem tudo está em nossas mãos.

Por isso, são muitos os fatores que ameaçam o otimismo depositado pelos novos empreendedores em seus negócios. E é a confiança em sua visão, suas ideias, em seus sócios, em suas equipes, que ajuda a manter a empresa caminhando nos momentos mais adversos.

Mas é quando tudo parece estar fora de controle que realmente compreendemos que o empreender não pode existir sem a fé. Somente a fé numa força maior pode dar o suporte necessário para que se tenha paciência, consistência, coragem, determinação e se possa pensar fora do quadrado.

Quando os negócios ficam entregues a fatores além do nosso controle, não basta confiar no próprio taco, trabalhar muito, ficar atento às oportunidades, nem mesmo obter mais conhecimento para que as coisas se resolvam. Tudo isso é útil e necessário, mas acima de tudo é preciso ter fé numa força maior, numa orientação divina que nos ilumine e nos guie para fazer a coisa certa, no momento exato, mesmo que tudo ao redor esteja incerto.

Por isso, recorrendo a mais um suporte da Bíblia para fechar este tópico, nosso conselho é que você siga o que está escrito em Mateus 6:33: "Busquem, pois, em primeiro lugar o Reino de Deus e a sua justiça, e todas as outras coisas lhe serão acrescentadas".

E, para ter mais certeza sobre tudo isto que estamos conversando, procure pensar em alguém que tenha uma vida que você admira, e cujos feitos você gostaria de alcançar, e veja como essa pessoa se relaciona com a fé. Esse provavelmente será um excelente modelo em que se basear ao traçar sua jornada de sucesso.

A fé faz parte do seu arsenal de ferramentas para a construção do sucesso e da felicidade? Qual é a importância que você dá a essa ferramenta?

Manifestar gratidão

Brian Tracy, palestrante motivacional e autor na área de autodesenvolvimento, aconselhou-nos desta maneira: "Desenvolva a atitude de gratidão. Agradeça a todos que encontrar por tudo que eles fazem por você".

Uma colocação bastante adequada. Afinal, manifestar gratidão é uma atitude que cria coesão entre as pessoas que estão em busca de um mesmo objetivo e torna a vida mais leve e a caminhada mais prazerosa para todos.

Entretanto, a busca pelo sucesso é algo intenso e envolvente, e, exatamente por essa intensidade e envolvimento, raras são as pessoas que se lembram do papel e da importância de agradecer ao longo dessa jornada. Poucos são os que entendem e usam o verdadeiro poder da gratidão para a construção do sucesso.

Um empreendimento de sucesso é fruto de relacionamentos sólidos entre a liderança, sua equipe e os colaboradores. E a gratidão é uma das mais poderosas formas de conexão humana, que contribui para a construção desses relacionamentos. Encorajar a gratidão na empresa é uma maneira de nutrir as conexões.

Gratidão e apreço costumam elevar a motivação das pessoas, levando-as a relacionamentos mais consistentes, produzindo ligações poderosas, não só interpessoais como também delas com o próprio trabalho e com os demais colaboradores. A gratidão é o catalisador das principais ações que levam ao sucesso. Ela é um dos princípios vitais necessários para o crescimento consistente e duradouro de uma empresa e de seus funcionários.

Deve-se levar em consideração, no entanto, que a gratidão deve ser parte de uma prática genuína, sincera e consistente, para que efetivamente surta todo o efeito benéfico que tem em seu potencial. Esse é um caminho que deve ser cultivado e em que se deve investir sempre. A prática diária da gratidão, demonstrada pelo empreendedor aos funcionários, incentiva-os a adotar a mesma mentalidade e postura semelhantes, o que propaga atitudes de alto valor entre todos os colaboradores.

Ao sentirem-se valorizadas por seu trabalho, a autoestima das pessoas é fortalecida, o que irá resultar em uma performance melhor, aumentando a produtividade e eficiência. A gratidão e o apreço contribuem para um ambiente de trabalho mais humano, onde os funcionários realmente querem trabalhar e dar o seu melhor, e não se sentem como se fossem meras engrenagens de uma máquina.

Olhando também por outro enfoque, quando manifestamos nossa gratidão, dizemos ao universo, e ao nosso próprio subconsciente, que conquistamos algo porque somos merecedores do que recebemos e que podemos continuar trabalhando para conquistar ainda mais.

A gratidão é uma atitude e uma postura que leva a um sucesso progressivo e consolidado e que, sem dúvida alguma, deve ser uma das qualidades a modelar a partir das pessoas bem-sucedidas.

Você costuma usar o poder da verdadeira gratidão para a construção do seu sucesso? Como você pode potencializar ainda mais a gratidão?

Primar pela positividade

Geraldo Rufino, fundador e presidente do conselho da JR Diesel e autor do livro *O poder da positividade*, como não poderia deixar de ser, nos falou sobre os benefícios de ser uma pessoa positiva, otimista. Aliás, recomendamos fortemente que você estude um pouco mais sobre a história de vida de Rufino, pois, com certeza, vai encontrar nela muitas qualidades desse empreendedor, que você provavelmente vai querer modelar.

Rufino nos disse que uma das maiores dificuldades enfrentadas ao longo da vida foi quando ele aprendeu com sua mãe o valor do tempo. Ela faleceu quando Geraldo tinha quase oito anos e, diante disso, ele entendeu que temos um tempo limitado de vida, que nosso tempo acaba. A partir daí, compreendeu que devia fazer com que o próprio tempo valesse mais. De tal forma, começava todos os dias com a consciência do verdadeiro valor do tempo, decidido a torná-lo o mais proveitoso e útil possível. Tentava ser o mais positivo que pudesse ao longo do tempo que tinha naquele dia.

De tanto ouvir as pessoas dizendo que no nosso país tudo é muito difícil, em especial para quem quer empreender, resolveu lançar seu segundo livro, chamado *O poder da positividade*, procurando levar uma mentalidade mais positiva para quem precisa de motivação para tirar o melhor da própria vida e realizar mais do que pensa que é capaz.

Rufino considera que os principais fatores de sucesso dos empreendimentos e da vida é a positividade, associada à simplicidade, a muita gratidão e determinação, e estar disposto a trabalhar mais de doze horas por dia. Um segredo simples, mas que nem todos estão dispostos a aplicar de verdade.

A positividade tem sido fortemente apontada como uma das estratégias essenciais para o sucesso de um empreendimento, ou para o profissional de toda e qualquer área. Pesquisas frequentes têm mostrado que pessoas positivas têm muito mais chances de vencer os obstáculos e os contratempos que ocorrem com a abertura de um novo negócio.

Como disse Harvey Mackay, empresário e autor norte-americano, "o pensamento positivo é mais do que um simples slogan. Ele muda a maneira como nos comportamos. Acredito firmemente que, quando sou positivo, isso não apenas me torna melhor, mas também torna melhores as pessoas ao meu redor".

Pessoas positivas são pessoas mais felizes e a felicidade tem um efeito profundo na função cerebral, que aumenta muito o desempenho individual, tornando os sucessos individual e empresarial consistentes. Empreendedores positivos não permitem que a negatividade os afete. Onde os outros veem um desafio impossível, eles veem uma oportunidade de grandes recompensas.

A positividade e a confiança estão também entre os principais pilares que regem o trabalho de um bom líder. Com uma mentalidade positiva, os líderes desenvolvem uma visão melhor da vida e são mais enérgicos, produtivos e bem-sucedidos. Geralmente, definem metas mais altas e esforçam-se mais para alcançar seus objetivos. São também mais resilientes, o que os ajuda a se recuperar e perseverar sempre, apesar das adversidades.

Positividade tem a ver com alimentar pensamentos positivos. E estes são fundamentais na definição do nosso desempenho, em qualquer que seja a área da vida em que atuemos. A esse respeito, o palestrante motivacional norte-americano Zig Ziglar escreveu: "O pensamento positivo não nos permite fazer tudo, mas nos permite fazer tudo de maneira melhor do que o pensamento negativo".

Permanecer positivo, mesmo quando surgem os contratempos, é a chave para seguir adiante na rota do sucesso. É nessas horas que uma mentalidade positiva pode transformar algo ruim em algo bom, alcançando melhores resultados em tempo muito menor.

Como você anda usando a positividade no dia a dia? Que efeito isso tem causado nos seus resultados?

A necessidade de colocar tudo isso em ação

Tudo o que foi escrito nesta obra e tudo o que se tem dito sobre modelar o que importa para conquistar o sucesso, seja em que área for, só tem sentido se for efetivamente colocado em ação. De nada valem pensamentos e conceitos excelentes se nada for feito com eles. Só a ação transforma ideias e ideais em fatos e resultados. Portanto, tudo que conversamos até aqui exige uma coroação que deve ser feita com o estímulo à ação correspondente a cada uma dessas ideias e sugestões.

Por essa razão, neste capítulo queremos falar de dois pontos especialmente importantes, ligados a colocar em prática tudo que abordamos até aqui. E imprimir a ação necessária a cada uma dessas ideias se resume a dois principais grupos: fazer o trabalho que é necessário e fazer acontecer. É sobre isso que vamos conversar a seguir.

Fazer o trabalho que é necessário

Existe uma frase bem antiga e bastante conhecida no mundo dos empreendedores: "o sucesso só vem antes do trabalho no dicionário". Com efeito, sem o trabalho nenhum sucesso é construído. Toda ideia, todo plano, todo sonho, precisa de ação para se concretizar. Significa que é necessário investir esforço e dedicação, pelo tempo que for necessário, para que os resultados apareçam.

Uma das maiores verdades existentes, comprovadas ao longo da história, é que o trabalho é sacrifício e recompensa, ao mesmo tempo. Tudo o que você investe em um trabalho sério, intenso e com um bom propósito sempre deixa dividendos muito maiores do que o esforço investido.

Por definição, o trabalho é um conjunto de atividades, produtivas ou criativas, que o homem exerce para atingir determinado fim. Porém, ainda há outro ponto a ser considerado: todo trabalho executado traz como dividendos uma boa quantidade de aprendizado e de crescimento pessoal e profissional.

Como disse T. Harv Eker, um dos grandes princípios do guerreiro afirma que se você só estiver disposto a fazer o que é fácil, sua vida será difícil. Mas, se você estiver disposto a fazer o que é difícil, sua vida será fácil. Ou seja, não só o sucesso, mas também a sua qualidade de vida dependem do trabalho duro, árduo, dedicado e estimulante.

Está claro, portanto, que um dos ingredientes que não podem faltar em uma receita do sucesso é o trabalho. Ele é um dos principais pilares que sustentam um sucesso verdadeiro, sólido e duradouro. Ele é, em si mesmo, o ato de colocar em ação tudo o que é necessário para fazer o sucesso acontecer. E é sobre trabalho que vamos falar aqui, neste capítulo. Vamos falar sobre o que é importante, em termos de empenho, para construir o sucesso.

Nas páginas a seguir, analisaremos alguns aspectos bastante importantes do trabalho, envolvendo verdades, crenças, mitos e percepções, considerados da forma mais assertiva pelas pessoas de sucesso comprovado e que merecem a nossa atenção como possíveis e prováveis candidatos a serem os modelos que procuramos para replicar.

TRABALHAR COM INTENSIDADE

Vamos começar pelo óbvio, mas que nem todos levam em conta quando se lançam em uma jornada para o sucesso: a importância de trabalhar forte, trabalhar duro, ou ainda, trabalhar com intensidade para conquistar o que você quer.

Pois bem, insistindo no que nos parece ser o lógico para alcançar o sucesso, para realizar qualquer sonho pelo qual valha a pena lutar, é preciso trabalhar intensamente e com dedicação. Não é trabalhar de qualquer jeito, sem critérios, sem consciência do que estamos entregando ao mundo.

O que vale mesmo é trabalhar forte, mas também da maneira certa, com a intensidade adequada e considerando as diversas nuances do ato de trabalhar. É preciso ter a mentalidade correta enquanto trabalhamos, além de tantas outras posturas e atitudes que efetivamente farão com que o nosso trabalho se transforme em energia para realizar os nossos sonhos e gerar uma diferença significativa no mundo – porque nenhum sucesso é completo e sustentável se não deixar resultados louváveis no mundo.

Popularmente, costumamos dizer que o trabalho duro é que traz resultados. Que quem quer ganhar mais dinheiro trabalha de domingo a domingo. Parece uma frase um tanto exigente, mas, além de ser uma verdade, o que precisamos entender dela é a ideia de que é preciso trabalhar muito e da maneira certa para obter bons resultados. E aqui não estamos falando somente de dinheiro. Todo resultado que vale a pena vem depois de muito trabalho.

Trabalho duro é essencial para construir e manter o sucesso, não importa qual seja o seu ramo de atividade. Os profissionais de sucesso sabem que têm que trabalhar forte se quiserem estar entre os melhores, se desejarem realizar seus sonhos.

O escritor Stephen King disse: "Os amadores sentam e esperam por inspiração, o resto de nós apenas se levanta e vai trabalhar". Ou seja, talento, inspiração, boas ideias e grandes visões de nada valem se não tiverem na sequência uma boa quantidade de trabalho que os faça acontecer.

TRABALHAR MUITO

Todo sucesso é construído com muito trabalho – e aqui nos referimos à quantidade propriamente. Pessoas bem-sucedidas são unânimes em afirmar que grandes carreiras são construídas com uma regra bem simples: acordar muito cedo e dormir muito tarde, e trabalhar no mínimo doze horas por dia.

Não se engane. O sucesso é sinônimo de muitos sonhos, muita luta, muito estudo, determinação, persistência, perseverança, de muito compromisso, disciplina, coragem, muita ousadia e também de uma boa dose de iluminação divina. Porém, acima de tudo, o sucesso tem também tudo a ver com uma quantidade enorme de trabalho.

O sucesso é uma conjunção desses vários elementos e está inexoravelmente vinculado a sacrifícios, a noites e mais noites sem dormir, a desconforto, a muita energia empenhada, muita luta e até mesmo dor. Ou seja, como dizem os ingleses, *"no pain, no gain"*. Ninguém tem ganho real sem sacrifício, ninguém tem sucesso sem trabalho duro. Por isso, não se iluda. Todo sucesso que as pessoas pensam que aconteceu "da noite para o dia" na verdade levou anos de muito trabalho para ser construído. É bem provável que você já tenha ouvido dizer que o sucesso e a prosperidade vêm 90% de transpiração e apenas 10% de inspiração.

Você tem que trabalhar pelo que deseja. A esse respeito, Mário Sérgio Cortella nos mostra um belo exemplo, dizendo que "a vaca não dá leite". Ou seja, se quiser leite fresco no café da manhã no sítio, você vai ter que se levantar cedo, ir para o curral enlameado, amarrar a vaca e tirar o leite dela. A vaca não dá o leite, simplesmente, sem que você trabalhe por ele. Mas muitas pessoas ainda acham que o mundo dá o que elas querem, sem que tenham que trabalhar por isso, ou seja, querem que as coisas apareçam em suas mãos assim, sem sacrifício, sem luta, como se caíssem do céu em seu colo.

Já as pessoas que realmente fazem acontecer são aquelas que correm atrás dos seus objetivos, que trabalham muito e transformam seus sonhos em realidade, por mais impossíveis que eles possam parecer. Toda conquista é feita sobre muito esforço e dedicação. Nenhum atleta é medalha de ouro sem muitas horas de treino por dia, durante muitos anos, às vezes durante toda a vida.

É claro que tem muita gente que diz que algumas pessoas são mais "sortudas". Diz que para alguns tudo dá certo, tudo em que elas colocam a mão vira ouro. O que a maioria não imagina é que as pessoas chamadas de "sortudas" sonham alto, transformam seus sonhos em projetos de vida, traçam metas e, de forma obstinada, trabalham arduamente para cumprir suas metas. É claro que, nesse caso, o universo conspira a favor delas. Então, não é uma questão de sorte, mas de muito trabalho dedicado.

Não existe caminho fácil na vida. Como os norte-americanos costumam dizer, *"There is no free lunch"*, ou seja, "Não existe almoço grátis". O que significa que é impossível conseguir algo sem dar nada em troca, ou ainda, é impossível ter sucesso sem trabalhar muito por ele. Sempre existe um preço a pagar: é preciso que você trabalhe muito, que estude bastante, que seja perseverante nos seus objetivos, para que um dia tenha o sucesso que busca.

Avalie com objetividade aquilo que você quer realizar e leve adiante somente o que realmente fizer sentido na sua vida e nos seus planos. Assim você será capaz de concentrar seus esforços naquilo que realmente importa. O estadista e filósofo indiano Chanakya disse: "Antes de começar um trabalho, faça três perguntas a si mesmo: 'Por que estou fazendo isso?', 'Quais podem ser os resultados?' e 'Terei sucesso?'. Quando você pensar profundamente e encontrar respostas satisfatórias para essas perguntas, somente então siga em frente".

Se o seu desejo é algo realizável, trabalhe muito e vá em frente. Você vai fazer acontecer. Porque, afinal, sejamos sinceros: não é justo para consigo mesmo você ter um sonho, um objetivo, e não o realizar.

Também acreditamos que tudo o que há no mundo existiu antes na mente de alguém. Afinal, o sucesso é baseado em ideias e sonhos. Mas que nada gerariam sem uma boa dose de dedicação, determinação e muito trabalho árduo.

Estamos em um ambiente globalizado, no qual há pessoas do mundo inteiro lutando pelas mesmas oportunidades. O quanto você trabalha vai se tornar o seu diferencial nessa disputa.

TRABALHAR PARA SE SUSTENTAR

O trabalho provê o seu sustento. Essa deveria ser uma grande verdade, por uma questão de justiça e merecimento. Infelizmente, nem sempre isso condiz com a realidade, por questões de desarranjos sociais que não nos cabe discutir aqui nesta obra.

Chamamos a atenção para o fato de que muitas pessoas veem o trabalho apenas como um mal necessário: um mal que elas precisam suportar, porque precisam comer, se vestir e pagar suas contas.

Tudo bem que você precise do trabalho para se sustentar. Mas esse não pode ser o seu único objetivo. Trabalho tem a ver com outras questões mais nobres, que vão muito além do próprio sustento. Existe uma importância enorme por trás do trabalho, capaz de definir a vida de cada um de nós.

Quando você para de ver o seu trabalho apenas como uma fonte para o seu sustento e começa a enxergar novas possibilidades, que vão muito além de ser empregado em uma empresa e trabalhar para construir o sucesso alheio, você para de ter a visão de empregado e passa a ver pelo ângulo do empreendedor.

Perceba aqui que não estamos dizendo que ser empregado não é algo de valor. Muito pelo contrário, são os empregados que mantêm as empresas funcionando e fazem com que elas cheguem ao sucesso. E existem pessoas que fazem carreiras maravilhosas dentro das empresas e constroem seu sucesso exatamente ali.

Já ouvimos pessoas dizendo: "Trabalhe para construir o seu sonho e não o sonho dos outros. Melhor trabalhar oitenta horas no seu projeto do que trabalhar quarenta horas no projeto de outra pessoa". Concordamos com isso, mas queremos ressaltar aqui que, mesmo quando você trabalha empregado em uma empresa, precisa ser o melhor trabalhador, porque é o seu sonho que você está construindo – ao mesmo tempo em que contribui para a realização do sonho do seu empregador. O seu foco precisa estar no seu objetivo, na sua carreira, no seu crescimento dentro da empresa – e também em congruência com os direcionamentos da empresa, para que você e seu empregador atinjam, cada qual, os próprios objetivos.

Mesmo que você seja empregado em uma empresa, e não um empreendedor, ainda assim, seja um empreendedor – ou melhor, seja um intraempreendedor. Isto significa trabalhar para você mesmo, enquanto trabalha para a empresa que o contratou. Significa ser o melhor você que puder ser, fazer o seu melhor sempre, dar o seu melhor, fazer o seu melhor trabalho. Tudo para engrandecer o seu potencial e gerar mais resultados. Isso é bom para a empresa que o contratou e é excelente para você, porque estará construindo uma carreira que certamente o levará ao sucesso.

Este é o ponto: para ter sucesso, faça o seu trabalho, faça-o com intensidade, mas faça para si mesmo. Faça para que você mesmo fique satisfeito e feliz com os resultados. Não queira agradar aos outros, mas agradar a si. O sucesso está na sua satisfação e felicidade com os resultados que obtém com o que faz.

E lembre-se sempre que, muito mais do que buscar o seu sustento, no seu trabalho você desenvolverá um sentimento de pertencimento e participação, encontrará motivação para a vida e satisfação pessoal. E uma das melhores certezas que você terá é de que está sendo útil e contribuindo para uma causa maior, para tornar o mundo melhor.

TRABALHAR POR DINHEIRO

Quanto você ganha para trabalhar? Se você pensou apenas no próprio salário ou no dinheiro que recebe de seus clientes, é preciso reavaliar a sua visão sobre os valores do trabalho. O trabalho fornece muitos outros ganhos, que vão além do dinheiro. E, em geral, muitos deles são ainda mais importantes do que a remuneração financeira.

Todo trabalho já traz em si mesmo uma boa compensação. Por isso mesmo, muitas vezes para aprendermos os caminhos do sucesso teremos que "pagar para trabalhar". Queremos dizer com isso que em muitos casos é em empregos em que ganhamos pouco financeiramente que aprenderemos mais. É onde adquiriremos a experiência necessária para construir o nosso sucesso de maneira sólida e compensadora.

Existem casos em que a pessoa diz que não consegue um emprego, não consegue uma oportunidade e, portanto, não adquire experiência, ou não pode mostrar ao mundo do que ela é capaz.

Se você se identifica como um desses casos, um conselho: vá trabalhar em algum lugar que lhe interesse, mesmo ganhando pouco, desde que existam oportunidades para aprender um novo trabalho. Muitas vezes, trabalhando em um restaurante, por exemplo, lavando pratos e servindo mesas, você aprende a cozinhar e, no futuro, se torna um chefe de cozinha e um empreendedor de sucesso na área da gastronomia.

Além de o trabalho promover o crescimento pessoal, existe nele outra característica que o torna ainda mais interessante e gratificante: um trabalho feito com amor e dedicação é uma forma de você se expressar, de deixar a sua marca no mundo. É a sua assinatura embaixo da própria obra, a manifestação do cumprimento da sua missão. É a prova mais forte da sua dedicação às outras pessoas e ao mundo.

Tudo isso se traduz, finalmente, em um forte sentimento de realização, que leva à felicidade e ao prazer de viver. Não é por acaso que pessoas respeitáveis e exemplares tenham escrito tão bem sobre o trabalho, como Henry Ford, que afirmou: "Há alegria no trabalho. Não há felicidade, exceto na percepção de que realizamos algo", ou Stephen Hawking, que nos brindou com estas palavras: "O trabalho lhe dá significado e propósito e viver é vazio sem ele".

TRABALHAR DE MODO PARTICIPATIVO

Bertrand Russell foi um dos mais proeminentes filósofos e historiadores do Reino Unido do século passado. Ele afirmou que "a única coisa que irá redimir a humanidade é a cooperação". Essa é uma verdade que vale para todos os setores da nossa vida, seja no trato pessoal ou no desempenho profissional e dos negócios.

As pessoas gostam de trabalhar em ambientes onde sua participação é respeitada. É uma forma de se sentirem valorizadas, sentirem que sua presença, opiniões e contribuições são importantes.

Em termos de trabalho em equipe, essa cooperação está intimamente ligada à participação dos colaboradores na busca e conquista de objetivos. E com um grande ganho: as pessoas respondem imediata e entusiasticamente às metas conquistadas; elas adoram contribuir para a construção de algo, saber que têm participação nos resultados conquistados. Cada vez que conseguem algum resultado significativo, ganham estímulo e entusiasmo para continuarem se dedicando ao trabalho em equipe.

Em paralelo, cada vez mais as empresas têm reconhecido que o trabalho participativo é uma estratégia a ser adotada no dia a dia dos negócios, por funcionar como uma das chaves para o sucesso nos empreendimentos. Afinal, é uma verdade inquestionável que toda empresa depende principalmente de seus funcionários e do quanto eles estão envolvidos no crescimento de seus negócios.

Uma das formas mais contundentes de participação dos funcionários nos rumos da empresa é o envolvimento direto deles em atividades e decisões que ajudem a empresa a alcançar melhores resultados. Os funcionários são chamados a participar, são motivados, preparados e estimulados a usar sua experiência, suas ideias inovadoras e seus esforços para contribuir em todas as frentes de que têm conhecimento, de todas as maneiras que puderem.

Quando os funcionários têm um envolvimento altamente participativo nos rumos da empresa, conseguem ter uma noção geral do propósito, da visão e dos valores pelos quais estão trabalhando e compreender mais profundamente quais são suas funções nesse cenário – o que resulta em um comprometimento muito maior com os rumos da empresa.

Envolver os funcionários de modo participativo os torna parte de algo maior do que eles mesmos – e cria uma sensação de unidade, de família, de ser também responsável pelos rumos da empresa. Traz ainda convicções de missão e visão maiores, o que faz com que se empenhem ainda mais para atingir os objetivos dos negócios.

TRABALHAR COM SIGNIFICADO

A dedicação a um trabalho bem-feito dá sentido à vida. Khalil Gibran, ensaísta e conferencista de origem libanesa, ressaltou que "Trabalho é amor tornado visível". Portanto, seja qual for o trabalho da sua vida, faça-o bem. Faça-o por um motivo maior. Não trabalhe apenas pelo dinheiro ou por interesses materiais.

É fundamental entender que para ser um empreendedor de sucesso uma de suas características deve ser não trabalhar focado apenas no dinheiro, ou nas vantagens que vai receber, mas sim em uma causa maior. O dinheiro é apenas uma consequência de algo feito dentro de um propósito, com um objetivo mais amplo e benéfico.

Para ter sucesso, pensar só em ganhar dinheiro não é o melhor caminho. O melhor é colocar a cabeça para pensar em como fazer o bem para as pessoas, para o mundo. Esse é um dos princípios mais importantes do sucesso. Mantenha esse pensamento e trabalhe com muito afinco, com muita energia, e todas as portas se abrirão.

Se você está habituado a ler livros de empreendedorismo, já deve estar acostumado com esta ideia apresentada em tantas obras desse segmento: muita gente diz coisas como "no dia que eu ficar rico, paro de trabalhar". E também já deve ter percebido que esse não é o caminho para vencer na vida.

O empreendedor de sucesso não tem disso, ele não vê as coisas desta maneira. Você pode até questionar: "Mas o cara já está bem de vida e continua caçando problemas, começando negócios novos. Para quê?". É importante compreender que ele não faz isso por dinheiro, não é isso que tem valor para esse empreendedor. Por isso mesmo ele tem sucesso.

É preciso trabalhar certo, na coisa certa. O empreendedor tem que atuar para criar coisas que gerem valor para a sociedade, gerem utilidade para a comunidade, que deixem um legado positivo no mundo.

Sempre procure fazer mais do que o necessário. Sempre procure querer mais que os outros querem, dar mais de si do que a maioria dá, trabalhar mais do que os outros trabalham. É assim que você consegue sucesso na vida. O trabalho engrandece a pessoa, enaltece a alma e enriquece o bolso. Trabalho árduo, feito com propósito, produz resultados excepcionais. É preciso acordar pela manhã com a convicção de que você vai se levantar para fazer alguma coisa boa para alguém. É disso que é feito o sucesso.

O sucesso verdadeiro é consequência do significado legítimo do seu trabalho. Se você não agregar valor ao trabalho, o sucesso ficará exposto aos riscos das mudanças de mercado, às variações de humor da economia, às alterações constantes que o mundo de hoje exige.

Para ter sucesso é preciso trabalhar de modo grandioso em cada pequeno propósito que se faz necessário no nosso dia a dia. William Patten, escritor britânico, nos deixou um pensamento bastante significativo quanto a esse tema: "Não tenha medo de dar o seu melhor para o que aparentemente são pequenos trabalhos. Toda vez que conquista um deles, você fica muito mais forte. Se você fizer bem os pequenos trabalhos, os grandes tenderão a cuidar de si mesmos".

Usar o poder de fazer acontecer

Para seguir no objetivo de fazer o sucesso acontecer, queremos reforçar aqui a necessidade e o poder de efetivamente colocar em movimento todos os pontos, conceitos, sugestões e práticas que mencionamos nesta obra, além, é claro, de muitos outros que você poderá levantar durante o seu trabalho de modelagem dos bons exemplos de pessoas de sucesso que conhece.

Queremos, em especial, pôr em destaque pontos como colocar em ação o que você aprendeu, empenhar-se em fazer as coisas certas, sempre fazer mais do que se espera, entregar mais do que promete, procurar sempre fazer o que gosta e, especialmente, procurar sempre gostar do que faz. Todos esses detalhes farão uma enorme diferença nos resultados obtidos. Por isso, queremos chamar um pouco mais a sua atenção para eles.

MANTER-SE EM AÇÃO

Mesmo quando se acredita que tudo vai dar certo, a intenção por si não basta, não tem força de realização. É preciso agir, ainda que tendo em mente que serão muitos os obstáculos no caminho.

Todo sonho e desejo exigem um primeiro passo para se tornar real. Nenhum sonho se realiza e nenhum planejamento adianta se a ação não estiver envolvida no processo. Como se costuma dizer popularmente, "sonho sem ação é ilusão, é fantasia". O consagrado empreendedor norte-americano Wayne Huizenga afirmou: "Algumas pessoas sonham com o sucesso, enquanto outras se levantam todas as manhãs e o fazem acontecer". Isso é agir na direção dos próprios sonhos e objetivos.

Embora todos sonhemos com o sucesso, é preciso ter consciência de que o sonho é apenas um mapa para se chegar até o nosso objetivo. O sonho não é o sucesso em si, ele apenas funciona como um encorajador de ações, ou ainda como um pontapé inicial no jogo que nos levará aonde queremos chegar. É ele quem costuma despertar em nós os mecanismos que levarão à ação que nos permitirá chegar ao sucesso.

Para além de sonhar e desejar, que é uma parte integrante da nossa vida, em que desejamos tantas coisas, é preciso movimentar essa energia do desejo, no sentido de gerar e materializar resultados. Tem-se que transformar esse desejo num projeto de vida, trabalhar duro, traçar metas e se dedicar muito para cumpri-las, para então transformar esse sonho em realidade.

Se você já tem em vista alguém de sucesso que quer modelar, observe atentamente como essa pessoa se comporta no dia a dia. Com certeza, você vai reparar que a ação contínua é uma de suas características mais marcantes, que o mantém sempre na construção de seus sonhos.

Como exemplo de alguém empreendedor, e um ótimo candidato a ser modelado, reproduzimos aqui mais um pouco do modo de pensar e agir de Arnaldo Xavier, fundador da Rota do Mar, maior empresa de confecções do estado de Pernambuco.

Em uma de nossas conversas, Arnaldo nos confidenciou que começou a trabalhar com quinze anos. Hoje, depois de praticamente quarenta anos de trabalho, ele confirmou que o normal para ele é trabalhar mais de doze horas por dia. Xavier ressalta: "É muito esforço, mas tem mesmo que ter muito esforço. Ninguém constrói as coisas com pouco esforço, tem que ter muito trabalho, tem que ter muita ação. Ninguém cresce fácil, sem sacrifício, sem estar constantemente em ação, construindo seu sonho".

Além disso, Arnaldo também afirmou que é preciso gostar muito do que se faz e entender realmente daquilo a que você se dedica. Depois, é preciso pôr foco no que você quer e se dedicar àquelas atividades que o levarão aonde quer chegar. É ação e mais ação, dedicação e persistência.

Enfim, existe uma gama bem grande de coisas a que o jovem empreendedor tem que se agarrar para ter sucesso. Algumas dessas coisas são a dedicação, o treino e a repetição. Você tem que se empenhar para ser o melhor naquilo que faz, tem que se manter em ação o tempo todo, para manter o seu sucesso sendo construído.

Xavier nos alerta ainda que, entre todas as ações que levam ao sucesso, uma das principais é o treino constante e intenso, que nos torna melhores naquilo que fazemos. É possível ver isso nos exemplos de atletas que se sobressaem entre os demais. Rogério Ceni continuava no campo de treino, batendo falta, muito depois que todo mundo saía. Então, não é por acaso que ele se tornou o maior goleiro cobrador de faltas. E Oscar Schmidt? Quando perguntavam para ele por que acertava tantas cestas, ele dizia que, mesmo depois de quatro horas de treino diário junto com os outros atletas, ele ficava ainda mais duas horas sozinho, treinando arremessos. Então, na verdade, ele não era o "Mão Santa", mas o "Mão Treinada". Pelé sempre permanecia treinando após o fim do treino, mesmo depois que todos os outros já tinham se recolhido – e dizem que ele adorava treinar acertar a trave com seus chutes a gol, porque, se conseguisse acertar algo tão pequeno como uma trave, com certeza teria mais facilidade em acertar o imenso gol durante os jogos.

Hoje, a Rota do Mar tem uma trajetória de muito sucesso, que começou lá atrás com o sonho de um garoto, mas que se concretizou graças à determinação com que ele se dedicou ao empreendimento. Sua história é a prova de que, para ter sucesso, precisamos sair da nossa zona de conforto e agir em prol da realização dos nossos sonhos, precisamos nos dedicar com seriedade ao que fazemos, com constância e disciplina.

Entre as principais lições que Arnaldo nos passou, e que merecem ser estudadas por quem busca modelar alguém de sucesso, estão pontos que incluem: treino e repetição para aprimorar seus resultados; otimismo; ser forte diante das dificuldades; ter coragem para fazer o que é preciso; estar aberto às mudanças; ter foco; ser persistente. Eis, portanto, como dissemos, um excelente candidato para quem quer ter sucesso modelar.

Concluindo nosso raciocínio, como costumamos dizer, tudo começa com um sonho, mas o sucesso verdadeiro é uma sucessão de sonhos realizados, às custas de muita luta, muito estudo, muita determinação, persistência, perseverança, muito compromisso, disciplina, coragem, muita ousadia e também de muita iluminação divina. É juntando todos esses elementos que o sucesso acontece. E todos esses elementos envolvem ação.

A grande vantagem que temos é que nossos sonhos, uma vez que começamos a agir, passam a ser catalisadores dos processos que nos levam ao sucesso. E é nesse momento que o sucesso realmente acontece.

E então, qual é o próximo passo que você dará em direção ao seu sucesso?

FAZER A COISA CERTA

"Não há nada mais inútil do que fazer com eficiência o que não deveria ser feito". Essa observação é, na verdade, um excelente alerta que nos foi deixado por Peter Drucker, considerado o pai da administração moderna.

Mesmo fazendo direito as coisas, com eficiência e muito bem-feitas, se nossas ações não forem relevantes para o nosso propósito, de nada servirão. De um modo bem incisivo: fazer direito a coisa errada, ou desnecessária, só nos leva para mais longe dos nossos objetivos.

Isto porque, se fizermos as coisas direito, mas não as coisas certas, estaremos apenas seguindo e executando procedimentos, ficando muito mais focados nos métodos e na eficiência, quando poderíamos inovar e descobrir aquilo que é realmente necessário, mais eficaz e mais adequado para a realização do que buscamos.

Para que as coisas deem certo e o sucesso aconteça, não basta ser eficiente, ter conhecimentos, saber fazer um bom planejamento e executá-lo de forma otimizada, de maneira mais rápida ou com menos gastos. Não basta fazer tudo direito, com maestria. Temos também que ter a certeza de que estamos fazendo as coisas certas, aquelas que precisam mesmo ser executadas.

Fazer as coisas direito pode aumentar a eficiência, mas, se uma empresa, por exemplo, concentrar seus esforços na coisa errada, essa mesma eficiência poderá levá-la ao fracasso. Por exemplo, quando surgiu a câmera fotográfica digital, de nada adiantaria para as empresas tradicionais investirem muito em produzir mais e melhores filmes fotográficos.

Quanto mais rapidamente uma empresa segue pelo caminho errado, mais se afastará do seu objetivo e mais próxima estará do abismo da falência. E o mesmo se aplica a você e seus projetos, seus empreendimentos e, inclusive, à sua vida pessoal.

Pare agora por uns minutos e avalie: suas ações são relevantes para o seu propósito, para aproximá-lo de seus objetivos? Ou seja, você anda fazendo as coisas certas?

FAZER MAIS DO QUE SE ESPERA

Em um mundo em que muitos estão acostumados a entregar menos do que deveriam – tentando economizar trabalho e investimentos, no sentido de maximizar seus lucros – fazer mais do que se espera de nós, percorrer a milha extra, entregar mais do que prometemos, surpreender sempre positivamente, oferecendo algo além do que é esperado, esse é o diferencial de quem faz sucesso.

Jack Johnson, cantor, compositor e surfista norte-americano falou sobre isso com muita propriedade: "Ir além do dever, fazer mais do que os outros esperam, isso é a excelência! E ela vem do esforço, da manutenção dos mais altos padrões, do cuidado com os mínimos detalhes e da milha extra. Excelência significa fazer o seu melhor. Em tudo! Em todos os sentidos".

Uma das grandes diferenças entre perdedores e vencedores é que estes se comprometem com os resultados e com a vitória, não importa quanto de caminho a mais tenham que percorrer para chegar ao seu objetivo. Para eles, não existe atalho para o sucesso e a única maneira de chegar lá é através de uma longa jornada de dedicação, trabalho duro e aderência aos seus objetivos e metas.

Os vencedores sabem o que querem e buscam aprender e se aprimorar, fazendo o que for necessário para alcançar o sucesso. Muito mais do que fazer o necessário, eles estão sempre dispostos a andar um quilômetro extra, se empenhando em superar expectativas e gerar não só grandes oportunidades de negócios, mas também mais reputação e confiança. Adotam uma postura de compromisso com a satisfação do cliente, de tal maneira que seus nomes ficam sempre associados à certeza de um excelente atendimento e à confiança dos clientes de que serão plena e perfeitamente atendidos em todas as suas necessidades.

Fazer um esforço extra ajuda a ter mais sucesso em tudo o que se faz, e isso é especialmente verdadeiro nos negócios. Todo negócio tem tarefas básicas voltadas para o bom atendimento ao cliente – aquelas atividades que são chamadas de o "arroz com feijão" do dia a dia de uma empresa, que não podem deixar de ser feitas, já que dão suporte às principais necessidades do cliente com relação ao produto ou serviço adquirido. Em geral, quando fazemos o "arroz com feijão" bem-feito, o cliente já fica satisfeito.

Porém, para um vencedor, a satisfação do cliente somente não basta. Ele faz sempre um movimento especial para, mais do que ter um cliente satisfeito, conquistar um cliente fiel. E é nesse ponto que entra o conhecido conceito de "andar um quilômetro a mais". O hábito de ir além do que é esperado, de entregar mais do que o prometido, é a chave para um sucesso pleno e duradouro.

Esse é um conceito que foi muito defendido por Napoleon Hill. Ele descreveu esse princípio associando-o à Fórmula QQAM – que significa "Quantidade de Serviço, Qualidade do Serviço e Atitude Mental", tudo aplicado aos serviços prestados ao cliente. Explorando um pouco mais esses conceitos, temos:

- Quantidade do serviço que você entrega – Habitue-se a aumentar a quantidade e entregar mais ao cliente nos serviços que você presta. Criando este hábito e o praticando-o diariamente, seus bons resultados se multiplicarão.
- Qualidade do serviço que você presta – Mantenha sempre a qualidade daquilo que você faz. Melhor ainda: procure elevar cada vez mais a qualidade dos seus produtos ou serviços.
- Atitude Mental com que você presta o serviço – Ame o que você faz e se mantenha com boa energia e bons pensamentos durante a execução do seu serviço. Lembre-se que trabalhar apenas pelo dinheiro nunca vai levá-lo a um sucesso consistente.

Pessoas de sucesso fazem tudo o que se espera delas e, então, fazem um pouco mais, vão além, entregam aquele algo a mais que faz toda a diferença na vida do cliente e, por consequência, consolida seu relacionamento com ele.

Em geral, pessoas que estão habituadas a "andar a milha extra" são mais disponíveis para que as modelemos e costumam nos dar mais informações e orientações do que seria de se esperar de outros profissionais. Como elas consideram que fazer mais do que se espera delas é parte de seu modo de ser, entendem também que nos orientar é parte daquele "algo a mais" que devem fazer para nos ajudar a construir nosso próprio sucesso.

> **Proponha-se agora a andar uma milha extra hoje, no caminho que você faz. Entregue para as pessoas algo a mais, algo além do que ela espera. Assuma o compromisso de "entregar mais do que alguém espera", pelo menos para uma pessoa por dia.**

FAZER O QUE SE GOSTA

É muito frequente ouvir pessoas afirmando que o caminho para alcançar o sucesso é fazer o que se gosta. Porém, parece que essa afirmação é bem mais fácil de ser dita do que de ser praticada, considerando-se o grande número de pessoas que apresentam dificuldades em definir aquilo de que realmente gostam, ou mesmo de se colocarem na área em que têm preferência.

Muitas vezes, a dificuldade se instala desde cedo na vida, em função dos nossos condicionamentos, quando é bastante comum decidirmos por determinada carreira profissional apenas para atender às expectativas de nossos pais, ou de alguém próximo, a quem amamos. E então passamos longos anos investindo na realização dos sonhos dessas pessoas, sem nunca parar para nos perguntarmos se o que estamos fazendo é realmente o que queremos, se é o que gostaríamos para nossa vida.

Nos acostumamos a trabalhar em função do "porquê" dos outros em vez de buscar a realização da nossa própria motivação. E isso, em grande parte, se deve ao fato de não sabermos exatamente qual é o nosso "porquê". Sobre isso, Mark Twain, consagrado escritor norte-americano, disse que os dois dias mais importantes da nossa vida são o dia em que nascemos e o dia em que descobrimos por que nascemos. Ou seja, quando descobrimos o nosso "porquê" na vida.

Outras vezes, em função da necessidade de começar a trabalhar muito cedo, de ter uma ocupação e uma renda financeira, de nos sentirmos inseridos em um contexto ou em certo grupo, nos propomos a fazer aquilo que está disponível no momento, nos comprometendo com pessoas e atividades ao longo de anos, mesmo nos sentindo desconfortáveis, mas sem haver nenhum questionamento a respeito daquilo que estamos fazendo.

Existem ainda aqueles casos em que permanecemos fazendo o que não gostamos, pelo simples fato de sermos bons naquilo e por termos o reconhecimento de outras pessoas que admiram as nossas qualidades no desempenho daquela função. Assim, acreditamos que estamos fazendo o certo, sem nunca procurar descobrir se aquilo é o que poderia nos fazer felizes de verdade. Parafraseando um verso da música *Deslizes*, do cantor Fagner, "fechamos os olhos para os nossos passos, nos enganando, e assim vamos seguindo".

É claro que a vida tem as próprias regras e, por isso mesmo, nem sempre é possível fazermos somente o que gostamos. Portanto, é importante que busquemos um certo equilíbrio, que nos traga satisfação naquilo a que nos dedicamos, sobretudo profissionalmente, para que possamos seguir em frente, fazendo o que é necessário, até que possamos, finalmente, realizar a nossa verdadeira vocação.

Para construir o sucesso genuíno, jamais podemos deixar de nos perguntar se o nosso trabalho atual é o certo para nós, se estamos felizes com ele, se está preenchendo os nossos sonhos. Se não estamos fazendo aquilo que nos dá prazer, é importante que tenhamos consciência disso e continuemos em frente, mirando naquilo que nos dará a satisfação tão procurada – porém, sem nunca deixar de dar o nosso melhor naquilo que fazemos hoje, enquanto caminhamos em busca da realização pessoal e profissional.

É fundamental que nos questionemos para encontrar dentro de nós um trajeto que nos leve àquilo que nos motiva e que nos agrada, pelo que somos apaixonados. Esse questionamento e essa busca nos fortalecerão para que possamos aceitar o nosso dia a dia de caminhada, fazendo o que precisa ser feito, até chegar ao ponto de optar por nos dedicarmos ao que gostamos de verdade. Devemos seguir em frente, fazendo o que é necessário, até podermos realizar a nossa verdadeira vocação, até conseguirmos finalmente fazer o que nos realiza.

Você trabalha com o que gosta? Trabalha naquilo que é sua vocação? O que pode fazer em relação a isso?

GOSTAR DO QUE FAZ

Steve Jobs foi um dos maiores sucessos empresariais de que temos notícia e nos deixou algo muito importante para pensar sobre este assunto quando disse a frase: "Seu trabalho vai preencher uma grande parte de sua vida e a única maneira de ficar verdadeiramente satisfeito é fazer o que você acredita ser um ótimo trabalho. E a única maneira de fazer um ótimo trabalho é amar o que você faz". Ele realmente sabia das coisas!

Gostar do que se faz é diferente de fazer o que se gosta. É bastante comum que as pessoas vejam o trabalho como um sacrifício, como algo que se é obrigado a fazer, se quiser alcançar e manter suas conquistas. Porém, a verdade é que o trabalho não tem que ser sacrifício. Basta amar o que faz. É simples: tenha amor incondicional pelo seu trabalho, independentemente de qual seja ele.

É claro que nem todo mundo terá oportunidade de iniciar sua carreira fazendo o que gosta. Mas, até que o seu propósito seja alcançado, com certeza, todo mundo tem a chance de aprender a gostar daquilo que faz, até que efetivamente passe a fazer aquilo que ama.

Muitas vezes, focando apenas no fato de que não estão fazendo o que gostam, as pessoas passam a vida inteira insatisfeitas com a carreira e suas atividades, reclamando da falta de sorte e esperando para serem felizes somente quando a oportunidade de fazer o que amam chegar. Porém, essas são atitudes que as afastam da realização do sonho de fazer algo que traga um sentido verdadeiro para suas vidas. Definitivamente, essas são atitudes a serem evitadas.

Se você ainda não está trabalhando naquilo que gosta, naquilo pelo que é apaixonado, ainda podemos dizer, para animá-lo, que fazer o seu trabalho com dedicação produz os elementos necessários para movê-lo em direção àquilo que deseja realizar e constrói as bases para trabalhar naquilo que ama.

Gostar daquilo que se faz é uma questão de atitude e não de sorte, como muita gente acredita. E isso pode facilmente ser observado nas pessoas que têm uma mentalidade de sucesso. Conscientemente elas criam oportunidades de crescer, se desenvolver e serem bem-sucedidas, não deixando nada ao acaso e sempre dispostas a executar as tarefas que lhes cabem no seu dia a dia e não apenas escolhendo fazer só o que gostam.

O grande segredo está em procurar lidar bem com cada coisa que você faz, aprender a gostar disso e crescer em experiência e como profissional. Assim, é possível aprender mais e encontrar o caminho para realizar o sonho de um dia estar fazendo o que você realmente ama.

Gostar daquilo que faz significa ter o desejo e trabalhar para alcançar resultados com excelência, investindo energia e habilidades para fazer o seu melhor. Tem que ter coragem para fazer o que deve ser feito, tem que acreditar, seguir o seu instinto, apostar, ir atrás do que quer e também saber esperar, ter paciência para entender que as coisas não acontecem de uma hora para outra, pois tudo tem seu próprio ciclo, seu próprio tempo. Gostar daquilo que faz tem que ser um aprendizado diário.

Quando você só corre atrás de fazer o que gosta, não se abre para o novo, que muitas vezes está bem próximo, mas você não vê, porque sua cabeça está limitada, ela não se expande. É preciso despertar para as oportunidades que estão ao seu redor, focar naquilo que pode ser feito no presente e não apenas depositar energia em algo que ainda está no futuro.

É verdade que, quando você trabalha naquilo que gosta, se desenvolve melhor, faz as coisas com muito mais propriedade, produz muito mais e alcança mais rápido o sucesso que merece. Mas nada impede você de vir a gostar de verdade daquilo que faz e assim mudar totalmente uma realidade que a princípio lhe pareceria insatisfatória.

Conforme já mencionamos aqui, existe uma ideia muito difundida hoje em dia que diz algo como "faça o que gosta e você nunca mais trabalhará um dia sequer em sua vida".

Mas as pessoas têm interpretado isso de maneira errada. Fazer o que você gosta não significa, ao pé da letra, nunca mais trabalhar em sua vida. Na verdade, é bastante comum que pessoas que fazem o que gostam trabalhem muito mais do que aquelas que o fazem somente pelo dinheiro. A diferença está no fato de que quem faz o que gosta não se sente frustrado, não se cansa, não se estressa e colhe uma grande quantidade de satisfação. Esta é a grande diferença. Portanto, é preciso estar muito bem-disposto, em especial quando se faz o que se gosta, porque nesse caminho não existem milagres; o que existe é muita devoção.

Enfim, falando agora sobre modelagem, é bastante simples observar que aquelas pessoas de sucesso, que merecem servir de modelo para o nosso sucesso, agem sempre de acordo com uma certeza: gostar do que fazemos e fazer o que gostamos são duas condições incríveis, que farão com que vejamos o nosso trabalho mais como um momento de diversão e lazer do que como sacrifício. E isso faz toda a diferença do mundo na nossa vida, no nosso nível de satisfação e no sucesso que iremos alcançar.

Na sua profissão, você gosta do que faz, ou faz o que gosta? Como se sente em relação a isso?

O poder incontestável da modelagem

O grande poder da modelagem é o de reproduzir e perpetuar os bons resultados. Quando modelamos alguém excelente, é porque buscamos a excelência. E com isso todos ganham: nós ganhamos porque usamos um caminho mais curto e mais garantido para chegar ao sucesso, quem é modelado ganha porque sua obra se propaga para além dos limites que ele mesmo atinge, e o mundo ganha porque, sempre que partimos da excelência para construir algo, nos propomos a entregar resultados ainda melhores para todos. E é claro, nossa própria energia quando buscamos a excelência já causa um efeito positivo no mundo à nossa volta.

Empreender é um desafio diário, especialmente em um mercado competitivo e disruptivo como o que temos atualmente, em que tudo muda rapidamente e as exigências dos clientes e das pessoas em geral se tornam mais complexas a cada dia. Essa é a realidade com que temos que lidar.

Entretanto, não resta dúvida de que todo negócio começa com o objetivo de ser bem-sucedido, embora saibamos que o sucesso envolve incertezas e que nossas chances serão tanto melhores quanto mais assertivas forem as nossas atitudes.

Nessa trajetória, o sucesso e o fracasso andam lado a lado, de mãos dadas, alternando suas aparições e desafiando o empreendedor a manter o equilíbrio da própria energia, para que não se sinta tentado a jogar a toalha no meio da luta. E é nesse ponto que a determinação do empreendedor se torna um elemento importante para que ele possa se manter na batalha, até encontrar uma forma de se beneficiar dos ganhos que todo eventual fracasso sempre traz e transformar essas lições em pilares para apoiar o seu sucesso. São a resiliência e a determinação que, no final, deslocam o fiel da balança para o lado do sucesso.

O enfrentamento das dificuldades e dos desafios deve ser feito com a cabeça erguida, confiante e com firmeza, para se construir um sucesso consistente. É importante acreditar totalmente naquilo que se quer, confiar em si mesmo e ter a convicção do poder de solucionar os contratempos, pois é assim que as barreiras e os obstáculos começarão a se transformar em oportunidades.

O sucesso depende basicamente da confiança que você tem naquilo que faz e também em si mesmo – aliás, a autoconfiança é o primeiro passo para alavancar suas conquistas em meio aos desafios.

A pessoa autoconfiante, como a própria palavra já diz, acredita em seu potencial e em seus projetos e acredita que pode transformar seus sonhos em realidade. É da autoconfiança que vem a força que ela precisa para tomar iniciativas ousadas e focar no seu objetivo ao mesmo tempo.

Confiança e autoconfiança se adquirem com treino e com muito trabalho e dedicação para fazer o melhor dentro daquilo que você se propõe a fazer. O trabalho bem-feito no caminho rumo ao sucesso ativa a autoconfiança e a responsabilidade pelo próprio futuro. Permite enxergar que, na luta por ser bem-sucedido, a primeira pessoa a se vencer é a si mesmo. Portanto, antes de tudo é preciso decidir que você vai ter sucesso e assumir o compromisso de muito estudo, muito trabalho, muita luta e de nunca desistir dos seus sonhos.

Como disse o famoso tenista norte-americano Arthur Ashe, "uma chave importante para o sucesso é a autoconfiança. Uma chave importante para a autoconfiança é a preparação". É trabalhando e se preparando que se adquire a firmeza necessária para seguir na trajetória que leva à vitória.

Nesse processo de construção da autoconfiança é muito importante ter plena consciência daquilo que você quer realizar e, diante desse objetivo, avaliar quais são seus pontos fortes e quais são as suas fraquezas, para identificar aquilo que precisa ser melhorado e definir que tipo de ajuda você precisa buscar. E é aqui que entra o poder da modelagem, para criar confiança, autoconfiança e encurtar caminhos de forma segura, baseando decisões e ações em modelos de sucesso que identificamos em outras pessoas que já trilharam os caminhos que estamos percorrendo.

Na maioria dos casos, uma decisão inteligente é se cercar de bons mentores, que sejam pessoas especializadas naquele setor em que você quer atuar. Um mentor é a versão mais potente e acessível de alguém que nos propomos a modelar. Mentoria é a modelagem por excelência.

Quando descobrimos e repetimos com diligência o que as pessoas de sucesso fazem, e o que as distingue das demais, vamos muito além de meramente conseguir reproduzir um resultado desejado específico: nos damos também a oportunidade de desenvolver algo ainda mais surpreendente, mais excelente e efetivo do que aquilo que recebemos com a modelagem de alguém bem-sucedido.

É por esta razão que atualmente cada vez mais empreendedores estão fazendo uso dos benefícios da técnica de modelagem como uma importante ferramenta nas tomadas de decisões e nas ações em busca do sucesso.

A modelagem do comportamento de base de alguém que tenha algum tipo de desempenho excepcional que nos interessa envolve a observação atenta e a compreensão dos processos, pensamentos, comportamentos e atitudes daquela pessoa, que serviram de ferramentas para que aquele resultado tenha sido possível de ser construído por ela.

Quando decidimos modelar alguém, precisamos escolher com muita atenção e cuidado, para ter certeza de que aquela pessoa escolhida é realmente a melhor para se modelar, a que nos trará as contribuições ideais. E também temos de ter certeza de que estamos preparados para fazer uma modelagem eficaz e que aquele é o momento certo para fazer a modelagem daquela pessoa. Todos estes fatores devem ser levados em conta, devido à enorme importância que exercerão em nossos resultados. Mas devem ser considerados sempre de modo positivo, com nossos olhos voltados para a esperança de acerto, buscando realmente o que é melhor para nós mesmos.

Contudo, podemos acalmar nossas dúvidas e receios acatando uma certeza: correr riscos e errar é muito melhor do que não errar por não estar fazendo coisa alguma. Modelar os bons exemplos de sucesso de alguém sempre é muito melhor do que fechar os olhos para a experiência que essas pessoas colocam à nossa disposição e partir para a nossa própria luta do absoluto ponto zero.

Como exercício prático, queremos propor aqui que você selecione três pessoas de sucesso que reconhece como dignas de serem modeladas. Observe atentamente como elas se comportam nos quesitos que lhe interessa modelar. E então considere a possibilidade de modelar essas pessoas para desenvolver um conhecimento mais profundo de si mesmo e usar isso para construir seus melhores resultados.

Para finalizar, queremos relembrar o que Isaac Newton escreveu: "Se eu vi mais longe, foi por estar sobre ombros de gigantes."

Nossos votos são para que você aproveite o ombro dos gigantes que nos ajudaram a construir esta obra, e de muitos outros homens e mulheres de sucesso no mundo, para enxergar mais longe em sua carreira. E assim poder aplicar toda a sabedoria que eles nos emprestam agora para construir a sua própria trajetória empreendedora de sucesso.

Modelando os autores

Depois de falarmos tanto sobre a importância de modelar pessoas de sucesso que se adequem àquilo que você busca para sua vida, para agilizar e potencializar seus próprios resultados, resolvemos falar um pouco, individualmente, da carreira de cada um de nós, Janguiê, Ueda e José Roberto, para ilustrar um pouco mais o que é essa busca incessante que cada um de nós faz pelo sucesso. Esperamos que as nossas histórias também possam servir de inspiração, base e motivação para você conquistar tudo aquilo que busca empreender na sua vida.

Janguiê Diniz

Considero que modelar alguém de sucesso é uma das estratégias mais inteligentes para quem busca ser bem-sucedido em sua área de atuação. Aprender a partir de exemplos que já deram certo é, no mínimo, uma forma de economizar energia e ainda chegar mais rapidamente aos resultados que buscamos.

Por isso, faço questão de estar sempre disponível para servir de modelo para quem quer construir algo bom em sua vida. Eu já passei por muita coisa difícil, na vida pessoal e no empreendedorismo, mas também já conquistei muito do sucesso que as pessoas desejam conquistar. Assim, com meus erros, dificuldades, acertos e vitórias, procuro disponibilizar exemplos que possam inspirar empreendedores brasileiros a buscarem a realização de seus sonhos.

Como empreendedor e empresário que inspira as pessoas, quero realçar que acredito que tudo o que queremos realizar passa pela educação, por muito estudo e pelo trabalho honesto e ético – foi assim que construí o meu sucesso. Além disso, sempre tive no estudo um instrumento de transformação pessoal e social. Também sou altamente determinado e costumo dizer que sou um verdadeiro obstinado por realizar aquilo em que acredito.

Entre as principais qualidades dos empreendedores de sucesso que mais pratico estão a resiliência, a disciplina e o compromisso com os meus sonhos. Sou um sonhador e costumo ter sonhos grandes.

Sou um empreendedor social, que cuida com enlevo da educação, procurando sempre promover o crescimento das pessoas. Sou um motivador e inspirador de pessoas, para que acreditem e lutem pelos seus sonhos e pelo que realmente tem valor.

Acredito que, para quem tem interesse em olhar para os caminhos que trilhei e o sucesso que alcancei e usá-los como bases para modelar sua própria busca pelo sucesso, seria interessante conhecer um pouco mais da minha história, para compreender melhor a minha maneira de pensar e agir. Desta forma, será mais simples perceber quais os passos lhe interessam para obter seus resultados e construir um sucesso semelhante ao que consegui.

Gosto muito de começar a falar de minha vida pelo viés de empreendedor social, pois tenho muito prazer e orgulho em dizer que fundei um dos maiores grupos de educação superior do país, o Ser Educacional. Mas, para chegar até esse ponto, foi necessário muito esforço, dedicação e persistência. Tive uma vida pautada na superação de muitas adversidades para transformar meus sonhos em realidade.

Eu sou sertanejo, nascido em Santana dos Garrotes, pequena cidade no interior da Paraíba. Aos seis anos, para escapar da dura realidade em que vivia, literalmente fugindo da fome, minha família deixou o sertão paraibano e seguiu para o município de Naviraí, no Mato Grosso do Sul.

Em Naviraí, dos seis aos dez anos, já comecei a empreender. Para você ter ideia, aos oito anos de idade eu já era engraxate de rua. Tudo começou porque eu via meus colegas na escola indo à matinê aos sábados e eu não podia ir, porque meu pai não tinha dinheiro para me dar; ele ganhava um salário mínimo como peão de fazenda e minha mãe era do lar. Foi aí que resolvi criar meu primeiro empreendimento: uma caixa de engraxate. Comecei a engraxar no centro de Naviraí, no Mato Grosso, e passei a ganhar dinheiro, de tal maneira que sempre levava dinheiro para casa e ainda me sobrava para ir à matinê nos finais de semana.

Aos nove anos, mudei de empreendimento. Comecei a vender laranjas de porta em porta. Só que na época eu não sabia que laranjas eram sazonais, estavam disponíveis apenas em uma temporada do ano, e o empreendimento não deu certo. A partir daí, entrei no meu terceiro empreendimento, que foi vender picolé. Comprava em uma sorveteria e saía vendendo de casa em casa.

Quando completei dez anos, meu pai se mudou para Pimenta Bueno, em Rondônia. Uma cidade pequena, que na época tinha cinco mil habitantes. E um fato muito interessante é que, em 1974, era uma cidade ainda muito selvagem. Morei ali dos dez aos catorze anos e trabalhei bastante já nessa idade. Para você ter uma ideia, trabalhei em escritório de contabilidade, loja de roupas, fui *office boy*, trabalhei em restaurante e trabalhei até como locutor infantil.

Quando eu terminei o primeiro grau (hoje Ensino Fundamental), com catorze anos, descobri que na cidade não tinha segundo grau (hoje Ensino Médio). E precisei me mudar novamente para poder continuar a estudar.

Eu queria fugir daquele estado de pobreza em que meus pais viviam, queria construir algo, queria estudar, queria mudar a minha vida. Por isso, deixei tudo para trás e fui embora para João Pessoa, na Paraíba, onde estudei por um ano. Depois segui para Recife, para poder cursar o Ensino Médio, onde procurei por um tio meu, Nivan Bezerra da Costa, que era advogado.

Quando cheguei ao escritório do meu tio, ele nem me conhecia, mas mesmo assim perguntou se eu sabia fazer alguma coisa e eu disse que sabia datilografar. Ele me deu uma petição manuscrita e eu rapidamente a datilografei. Foi aí que ele se empolgou comigo e disse: "Vá procurar um lugar para estudar e um quarto para morar e vou lhe dar um emprego aqui para você ganhar um salário mínimo". E foi naquele momento que minha vida de fato começou a tomar o rumo que eu queria.

Com pouco tempo, meu tio me levou para sua casa e já me chamava de filho, ele já era meu segundo pai. Foi aí que eu comecei a gostar do Direito, trabalhando no escritório de advocacia. Meu sonho era ser médico – porque na época todo mundo queria ser médico, engenheiro ou advogado. Mas decidi mudar para Direito e, a partir dessa decisão, comecei a mudar a realidade da minha vida.

Passar no vestibular do curso de Direito da Universidade Federal de Pernambuco foi minha primeira grande alegria, porque na época era muito difícil ser aprovado nesse curso.

Quando me formei em Direito, cheguei a montar meu primeiro empreendimento formal, que foi a Janguiê Cobranças. Mas, como eu tenho dito, todo empreendimento tem altos e baixos. A empresa de cobranças começou a dar certo, mas, depois de um certo tempo, por conta de dificuldades, ela quebrou.

Resolvi fazer o concurso para a magistratura. Eu tive que ser autodidata e tracei a meta de estudar seis horas por dia. Durante um ano e meio, estudei o programa três vezes. Eu acho que até para passar em concurso público você tem que ser empreendedor, sonhar, transformar seu sonho num projeto de vida, traçar metas e com métodos, determinação, foco, compromisso e disciplina, cumprir aquelas metas.

Passei no concurso para juiz do Trabalho, do TRT da 6ª Região. E então criei o Bureau Jurídico, um curso para concursos, em 1994, que foi um grande sucesso, e cheguei a ter mais de mil alunos. Foi um grande passo no meu crescimento como empreendedor.

Em 2003 comecei meu maior empreendimento, com a criação da Faculdade Maurício de Nassau, acompanhada por uma nova marca, o grupo Ser Educacional. Hoje, o grupo é um dos maiores do Brasil, atendendo a mais de 320 mil alunos em mais de 60 unidades distribuídas por todos os estados da federação. É um dos maiores grupos educacionais do país, ajudando o Brasil a se desenvolver, formando diversos profissionais de todas as áreas do conhecimento humano e formando muitos empreendedores. É uma satisfação muito grande ter criado uma instituição de ensino como a UNINASSAU e diversas outras que formam o grupo Ser Educacional.

As pessoas me perguntam o segredo do sucesso. Digo que o sucesso não tem um segredo só. Sucesso é uma conjugação de uma série de elementos. Eu costumo dizer que sucesso está inexoravelmente vinculado a sacrifícios, a noites e mais noites sem dormir, a desconforto, a muito trabalho, muita luta e até a dor. Dor no sentido figurado, no sentido de sacrifício. Ninguém tem ganho real sem sacrifício.

O sucesso também é sinônimo de muitos sonhos, muita luta, de muito estudo, de muita determinação, de muita persistência, de muita perseverança, de muito compromisso, de muita disciplina, muita coragem, muita ousadia e também de muita iluminação divina. Digo sempre que juntando todos esses elementos eu consegui conquistar algum sucesso na minha vida.

Determinação, persistência e resiliência são fundamentais. É preciso nunca desistir dos seus sonhos, tem que lutar sempre e de cabeça erguida pois vale aqui a máxima universal que diz: "Diante de Deus, de joelhos, mas, diante dos problemas e das adversidades, sempre em pé". Na luta pelo sucesso você tem que ser um guerreiro, lembrando sempre daquele princípio: "Se você só estiver disposto a realizar o que é fácil, sua vida será difícil, mas, se estiver disposto a realizar o que é difícil, sua vida será fácil e bem-sucedida."

Como eu disse, tudo o que conquistei foi em decorrência de muitas noites sem dormir, muito estudo, muito trabalho. Não foi à toa, por exemplo, que passei em um concurso para juiz federal do Trabalho, um dos mais difíceis do Brasil. Primeiro eu sonhei passar naquele exame, porque o primeiro passo para o sucesso é você sonhar. Transformei aquele meu sonho em um projeto de vida, tracei metas e, com métodos e disciplina, as cumpri. E passei no concurso para juiz do Trabalho.

Mas eu queria empreender, queria ser professor da Universidade Federal de Pernambuco, queria fazer mestrado e doutorado, queria escrever livros e tinha tantos outros sonhos a realizar. Finalmente, pedi exoneração do cargo de juiz do Trabalho, passei no concurso do Ministério Público do Trabalho, e então criei as condições para fazer o mestrado e o doutorado na Universidade Federal de Pernambuco; consegui fazer o concurso para professor da Universidade Federal de Pernambuco e depois comecei a escrever meus livros.

Sempre digo que sou um dos maiores sonhadores do mundo. Tenho sonhado muito e acredito nos meus sonhos. Tenho realizado muitos deles, mas outros ainda não foram realizados. Costumo dizer que vou viver cem anos e até lá vou sonhar muito. Mas sei que não basta sonhar. O sonho é apenas o primeiro passo, é apenas um mapa para o sucesso, não é o sucesso em si. Você tem que sonhar, tem que transformar seu sonho em um projeto de vida, traçar metas e, com muito trabalho, disciplina e compromisso, buscar transformar seu sonho em realidade.

Gosto também de dizer que devemos ter sonhos impossíveis, porque só um sonho impossível é realmente digno de ser sonhado. O possível a gente colhe facilmente no solo fértil de cada dia. Mas quando falo de sonho impossível não estou me referindo a sonho irrealizável, a sonho inexequível, a sonhos mirabolantes, que não podem ser concretizados. Estou falando de sonhos grandes, mas alcançáveis.

De toda esta história que lhe contei, quero, em especial, deixar aqui um recado que aprendi com aquele que considero o maior empreendedor do Brasil: Jorge Paulo Lemann. Ele diz e repete sempre que "sonhar grande dá o mesmo trabalho de sonhar pequeno". Então, sonhe grande, sonhe o maior que puder. E siga em frente com as ações e a postura corretas para realizar todos os seus sonhos.

José Roberto Marques

Modelar é a forma de honrar a história das pessoas. Existem grandes personalidades no mundo, sejam elas esportistas, políticos, religiosos ou grandes CEOs, e todos, com certeza, modelaram alguém em algum nível.

Eu também tive meus modelos, mas fui encontrando um caminho muito particular de construir meu estilo de liderança, de empreendedorismo e, sobretudo, meu estilo de lidar com as crises. Eu passei por três grandes crises financeiras em minha vida. Todas elas foram profundas e me trouxeram muitas perdas, mas o fardo mais pesado foi a dor emocional que essas crises me trouxeram.

O que aprendi com minhas crises – que me fizeram superar a pandemia de 2020/21 – é que, sem uma mente bem-preparada e equilibrada emocionalmente, nenhum planejamento estratégico se sustenta.

Quero compartilhar com você agora um pouco de como desenvolvi uma mente equilibrada e com padrão mental positivo, que me fez construir um negócio tão relevante no ramo do desenvolvimento humano. Espero que faça sentido para você e que você use para também se fortalecer mentalmente.

Muitas pessoas nem imaginam, mas eu fui uma criança tímida e sofri muito por causa disso. Com essas memórias, eu poderia ter me tornado uma pessoa retraída, com medo de me mostrar e ser julgado. Mas foi exatamente nessa aparente fraqueza que encontrei hoje o meu principal ponto forte: minha comunicação e meu poder de controle vocal nas meditações que conduzo com milhares de pessoas.

Eu não gostava nem um pouco da minha voz. Se naquela época alguém me dissesse que a minha voz seria o meu maior poder, meu maior instrumento de trabalho e que eu desenvolveria a habilidade de modulação vocal que me possibilitaria ser mestre em induções, meditações e transes, ali no auge daquela fase complicada, eu diria que isso era impossível. E se eu tivesse acreditado que era realmente impossível, não seria quem sou hoje.

Essa é uma lição importante: na sua maior fraqueza pode estar o seu maior poder. Ou a frase clássica de Milton Erickson que uso muito nas minhas formações: "No veneno sempre estará o antidoto".

Nossos pais são nossas primeiras grandes inspirações e as primeiras pessoas que modelamos na vida. E foi assim que aprendi o dom da conexão, com meu pai, e o empreendedorismo, com minha mãe. Quando decidi aceitar os dois em mim, passei a me tornar quem eu sou.

Comecei minha carreira profissional como vendedor e a minha primeira venda, ainda na juventude, foi um trator que ofereci para um amigo do meu avô. Posso dizer que essa experiência foi a minha descoberta e entrada definitiva para os negócios. Depois de vender aquele trator, passei a vender fazendas e então expandi minhas habilidades de negociação entrando para o ramo de automóveis.

Acreditando que estava com a sorte do meu lado, expandi os negócios para além da minha capacidade de gerenciamento e conheci minha primeira crise financeira. Minhas capacidades de liderança e enfrentamento dos desafios foram postas à prova e eu percebi que nada é questão de sorte e sim, de trabalho duro.

Depois da primeira crise, descobri uma facilidade para treinar pessoas, para transmitir conhecimento, gerar conexão. Mas uma habilidade isolada não faz o sucesso. Era preciso mais, e então comecei a estudar PNL e a arte de vender e falar bem. Em 1999 conheci a prática do coaching, com objetivo de adquirir ferramentas para melhorar minha performance. Por insistência de um vizinho, realizei minha primeira sessão como coach e a partir desse momento minha vida mudou.

Continuei fazendo sessões de coaching e treinamentos, conseguindo clientes, e quando achei que finalmente tinha encontrado o caminho, perdi novamente o controle e me deparei com uma nova crise. Dessa vez, não apenas crise financeira, mas também uma crise pessoal, a pior perda que já sofri até hoje: meu pai.

A morte do meu pai me desestabilizou e, junto comigo, toda a minha família caiu. Mesmo com a ajuda de um amigo para me reerguer, experimentei a dor do desequilíbrio pela terceira vez.

E como se não bastassem as três crises, sofri um atentado e fui baleado. Por um momento, pensei que minha vida acabaria ali. Mas não demorou muito para perceber e entender que era exatamente o contrário, e uma nova vida, uma virada de chave, estava prestes a acontecer. Tive uma experiência de quase morte (EQM) no tempo em que estive na UTI de um hospital. E, apesar de ser chamada de "quase morte", eu tenho plena convicção – e confirmação médica – de que eu morri, por alguns minutos, mas a quase morte me deu o passaporte para a vida plena.

Naquele momento, algo mudou quimicamente em meu cérebro e quando acordei eu estava diferente. Sentia uma vontade de fazer diferente. Foi uma verdadeira virada de chave.

Passei a estudar neuroanatomia e neurociência para tentar compreender o que aconteceu comigo naquela sala de UTI. E com todo o conhecimento que reuni, tive o *insight* de aprofundar o meu trabalho com pessoas, tentando mostrar como a mente é fundamental na modelagem do nosso comportamento e das nossas ações.

A partir desse momento, dei mais um passo em direção ao autoconhecimento, iniciando um movimento filosófico e científico, mas com alma. Esse passo foi definitivo para construir o meu legado, me reerguer financeiramente e trazer comigo toda minha família.

Começando praticamente do zero, novamente, eu desempenhei, junto com meu filho, minha mulher e minha mãe, vários papéis na minha nova empresa, desde transportar apostilas, recepcionar alunos, ministrar treinamentos na minha própria casa e, principalmente, fazê-los entender o que aquele conhecimento mudaria na vida deles.

Nossa mente cria barreiras para o sucesso. Isso acontece, claro, sem que percebamos. Eu chamo isso de padrão mental. Ou seja: formas de pensar, trilhas neurais prontas que conduzem nossa forma de agir. Essas trilhas vão se formando por toda nossa vida. Em um determinado momento, paramos para pensar sobre elas e temos a oportunidade de mudá-las, criando novas formas de pensar.

Padrão é uma forma de repetição, idêntica ou muito próxima. O que significa isso? Significa que as pessoas tendem a fazer tudo da mesma forma, seguindo um padrão. Pessoas que desrespeitam as leis de trânsito possivelmente desrespeitam outras leis. Pessoas que usam mal o dinheiro da empresa, provavelmente também usam mal o próprio dinheiro.

Eu tinha construído, durante minha vida, um padrão mental de superação. Eu ainda não tinha consciência disso, mas percebi que desistir não fazia parte do meu padrão mental. Tudo isso porque não desisti da primeira vez.

Hoje, você tem a possibilidade de construir um padrão mental novo, se baseando na fraqueza que você mais quer superar, buscando a fortaleza dentro dessa fraqueza.

Não é simples mudar um padrão mental, mas tenho na minha história um outro ponto importante sobre isso. Eu ministrava cursos de autoconhecimento e desenvolvimento humano, até o dia em que meu mestre de coaching me questionou sobre quantas pessoas eu estava atendendo. Eu muito feliz e radiante respondi: cem pessoas!

Este número, para mim, parecia extraordinário para uma técnica que mal havia chegado no Brasil, sobretudo em Goiânia, onde eu morava e atendia. Mas ele, de forma muito impiedosa, me disse: "Só isso? Sua missão de vida é ajudar cem pessoas ao ano? Eu esperava mais de você." Depois de um momento de choque, ele me interpelou dizendo que eu estava preparado para ensinar o meu método de atendimento para outras pessoas e isso multiplicaria ao infinito minha missão.

Dessa conversa surgiram dois pensamentos: primeiro, eu não tinha tomado consciência de que minha forma de atendimento era tão especial que eu havia criado um método novo, que ninguém no mundo utilizava. Essa clareza para mim foi espetacular. Em segundo, eu era do mundo dos negócios e entendia muito de concorrência. Logo pensei que se eu ensinasse a outras pessoas o meu método estaria criando um exército de concorrentes. Como resolver este problema?

Aí está a importância de questionar o tempo inteiro a nossa forma de pensar e enxergar o mundo. Agir no automático, repetindo comportamentos, pensamentos e crenças, só nos faz pessoas "na média" e não há nada pior que estar na média.

Depois de muito esforço, admito, eu resolvi pensar diferente. Em vez de pensar que eu estava criando concorrentes, decidi pensar que eu estava criando um novo negócio. As pessoas não precisariam mais ir para fora do Brasil, como eu estava fazendo. E, principalmente, minha missão de ajudar as pessoas a alcançarem um novo nível evolutivo seria aumentada exponencialmente.

Esse foi o momento em que criei o curso Professional and Self Coaching (PSC) especificamente para ensinar o meu método. E hoje já formou centenas de milhares de pessoas.

Fundei o Instituto Brasileiro de Coaching e superei a barreira do espaço, levando todo o conhecimento que adquiri para várias cidades do Brasil. Era algo extraordinário, não poderia ficar restrito, eu precisava propagar, difundir e transbordar. Me criticavam porque eu chamava meu método de "coaching com alma". Na verdade, o nome oficial é *self coaching*, mas eu precisava deixar mais clara a diferença entre o meu método e os demais. O meu tem alma. Tem humanidade, tem respeito e honra ao ser humano e à sua história.

Depois de alcançar milhões de pessoas com formações, imersões e dezenas de livros publicados, eu realmente acreditava que nada poderia me parar. E em 2020, fui novamente testado pelo destino e mais uma vez não parei. A pandemia fechou muitas portas no Brasil e no mundo. Para continuar o meu legado, precisei me reinventar e reinventar a forma de continuar chegando até as pessoas e transformando vidas. Não houve tempo para planejamentos, estratégias e nem sequer uma preparação. De um dia para o outro, transformei uma empresa que funcionava no modo 100% presencial e passei a oferecer todas as formações com a já reconhecida qualidade IBC de forma virtual.

Construí um estúdio de filmagem e edição, conectei minhas lideranças e suas equipes. Essa mudança tão drástica aconteceu porque assim como não houve tempo para nos prepararmos para a mudança, não permiti que houvesse tempo para lamentar as perdas e dificuldades. Quando a nova realidade se apresentou, quando a crise se instalou, imediatamente fui atrás do próximo passo.

Esse também é um padrão mental importante para quem quer buscar o sucesso. Quanto tempo você gasta até efetivamente agir? Diminuir o tempo da dor (sem deixar de senti-la) é fundamental para o sucesso, e mostra uma mente capaz de se recriar frente a uma dificuldade.

Enfim, tenho sido um livro aberto desde que assumi a missão de mudar a vida de outras pessoas e talvez por isso eu tenha escrito tantos livros, para que mais pessoas tivessem acesso ao meu pensamento, ao meu conhecimento e minhas atitudes.

Leia, assista, observe como a minha história e tantas outras, como as do Janguiê e do Ueda, podem te ajudar a escrever sua própria história. Isole cada componente da minha linguagem corporal, tom de voz, humor, metáforas e todo o conteúdo que já compartilhei. Isso não veio apenas de estudos, tudo isso foi resultado da minha forma de pensar e de crer – ou seja, de como construí a minha mente.

Se tem algo que eu repito todos os dias para mim mesmo e para todas as pessoas é: tira a bunda da cadeira e faz. Essa é uma parte do processo que não pode ser ignorada. Meu conselho aqui é: se você deseja crescer na carreira, não comece com a avaliação de desempenho. Antes disso, faça um trabalho incrível. Se você quer ser um nadador de sucesso, primeiro precisa aprender a nadar e praticar, gastar energia. Foi isso que fiz durante toda a minha vida.

Termino dizendo que minha mente é bem parecida com a sua, mas ela está preparada para buscar sempre o equilíbrio, e ela tem base em crenças de prosperidade, abundância, humanidade, amor e bondade.

É o meu modo de pensar (e o seu também) que cria os nossos comportamentos. Então, antes de modelar o comportamento de alguém, pense nos significados daquela pessoa e confronte com os seus significados. Nenhum comportamento se mantém sem um padrão mental bem definido e sustentado.

Edgar Ueda

O que é bastante animador no mundo do empreendedorismo é perceber que todas as pessoas de sucesso têm certas características em comum que podem ser reproduzidas e usadas para ampliar e consolidar o seu próprio sucesso.

A boa notícia é que você também pode se inspirar no exemplo dos grandes vencedores para agir, modelando tudo o que eles têm de positivo, de maneira a colocar a própria vida na direção de um sucesso contínuo e sólido.

Sendo assim, como um empreendedor de sucesso que já passou por muitos desafios ao longo da vida, quero deixar aqui registrado um pouco da minha história pessoal. Quem sabe minha jornada de superação possa servir também de inspiração para você seguir avançando em sua própria trilha de sucesso.

Eu nasci em uma cidade de treze mil habitantes, no interior de São Paulo, em uma família pobre, com pouquíssima escolaridade – minha mãe estudou até a quarta série do primário, e meus avós nem mesmo passaram pela escola. Éramos uma família de trabalhadores da roça e meu pai nos abandonou quando eu tinha dois anos. Devido à vida atribulada de minha mãe, que trabalhava muito para nos manter, muitas vezes eu ficava aos cuidados de minha irmã mais velha; outras vezes, dos meus avós, a quem sou eternamente grato. Eles foram os meus primeiros e melhores professores. Ensinaram-me tudo o que a escola e a vida não conseguem ensinar: valores para ser uma pessoa idônea, com caráter forte e íntegro – valores que hoje são intrínsecos na minha vida.

Minha mãe acordava às quatro horas da manhã, às cinco pegava um caminhão para a roça – transporte da época para levar os boias-frias, como eram conhecidos os trabalhadores rurais. Ela voltava para casa sempre depois das seis da tarde – era uma jornada de trabalho longa, trabalho sujo, pesado, pois arrancar batatas da terra não era um serviço para mulher. Mas ela não tinha escolha. Afinal, tinha cinco bocas para alimentar: ela e mais quatro filhos.

Lembro muito bem de um dia em que ela voltou, correu para o fogão para preparar nossa comida e naquele dia serviu um prato só com feijão, pois esse era nosso único alimento disponível. Notei, porém, que ela não estava comendo. Achei estranho, sem entender muito o que estava acontecendo. Mesmo assim, empurrei o prato em direção a ela. *"Come, está gostoso como sempre, o melhor feijão do mundo, mãe"*, falei. *"Obrigada, filho, mas pode comer, porque estou sem fome"*, ela respondeu sorrindo, mas depois de chorar.

Naquele dia não entendi o que estava acontecendo. Mas, no dia seguinte, compreendi que ela não estava comendo porque a comida não era suficiente para todos nós. Então chorei muito, não por mim, mas por ela, uma mulher batalhadora, sofrida e uma heroína, porque criar sozinha quatro filhos não era nada fácil naqueles tempos.

Foi então que decidi que tinha que mudar aquela situação. Tive que amadurecer com apenas nove anos de idade. Resolvi que iria criar um destino diferente para mim e proporcionar uma vida melhor para minha família. A partir desse dia comecei a virar o jogo da minha vida.

Fui à luta, sabendo que muito do sustento da minha família dependia também de mim. Aos nove anos de idade, já iniciava minha vida de trabalho. No quarteirão próximo ao que eu morava, havia uma senhora, a Dona Esmeralda – uma pessoa doce, cativante, com um coração gigante. Foi ela quem me deu a primeira oportunidade de trabalho: eu buscava leite para ela em um sítio, não muito longe, e ela me pagava alguns poucos cruzados, moeda da época, o que para mim era algo bastante significativo. Foi ali que comecei a entender a importância do trabalho.

Depois disso, comecei a vender coxinhas. Dos onze aos doze anos de idade eu saía da escola, almoçava e corria para a casa de uma senhora que produzia os salgados e enchia com eles uma cesta feita de bambu – cabia algo em torno de trinta salgados. Eu saía com a cesta cheia e voltava com ela vazia. Nunca voltei com uma única coxinha sobrando. Eu vendia 100%. Tinha isso como meta clara: vender 100% era meu compromisso, comigo mesmo, com aquela senhora e também com a minha família. Eu tinha comigo que devia respeitar isso e fazia questão de sempre cumprir essa meta. E foi nessa ocasião que aprendi a lição do compromisso e da responsabilidade. Percebi também que eu tinha a habilidade de cativar pessoas e vender.

Aos treze anos, trabalhei atrás de um balcão de um bar e me lembro que o balcão era quase do meu tamanho – sempre fui de estatura baixa, mas isso nunca foi um limitador em minha vida. Dois anos depois, um senhor português de nome Manoel, dono de um restaurante, me convidou para trabalhar com ele. No início, eu ia apenas aos finais de semana, porque não tinha aula na escola e, além disso, já trabalhava em outro lugar durante a semana. Passados três meses, ele me chamou para uma conversa e me perguntou: *"Você aceitaria ser o gerente do meu restaurante? Quero passar essa responsabilidade para você. O que acha?".*

É claro que não pensei duas vezes. Aceitei o desafio, embora a responsabilidade fosse grande. Mas assumi e cumpri meus compromissos, porque sempre fui um trabalhador dedicado e esforçado e tinha um sonho: abrir meu próprio negócio. E eu sabia que, com aquela oportunidade, me aproximaria mais da realização do meu sonho.

Foi aí que comecei a aplicar um dos ensinamentos dos meus avós: *poupar parte dos meus rendimentos.* Todos os meses eu separava uma quantia, entregava na mão do meu avô, e ele a depositava em uma poupança. Fiz isso durante dois anos. Poupei o suficiente para dar meu primeiro grande passo para tornar-me um empreendedor. Fiz algumas pesquisas, encontrei uma lanchonete que estava à venda, fiz a proposta ao dono e comprei o meu primeiro negócio.

Aos dezoito anos, comprei meu segundo negócio: a primeira sorveteria *self-service* da cidade. E foi também naquele ano que encontrei meu pai pela primeira vez, até então, eu só o conhecia por fotos. Aquele ano foi muito especial para mim. Foi também quando nasceu meu filho. Foram tantos acontecimentos em um único ano, com muitos sentimentos diferentes. Haja coração!

Passados seis meses, meu irmão me convenceu a passar uma temporada no Japão. Pouco tempo depois, lá estava eu embarcando para aquele país. Vendi minha lanchonete, para deixar todas as pendências financeiras em dia, deixei a sorveteria para minha mãe tocar temporariamente em minha ausência e parti.

No Japão, trabalhei em fábricas automotivas e também na construção civil, onde muitas vezes cumpria jornada de doze a catorze horas por dia, debaixo de neve e de um frio terrível. E foi ali que aprendi outra grande lição: *"No pain, no gain",* isto é, "Sem dor, sem ganho". Desta forma, tornei-me uma máquina de suportar a dor, de resiliência, pronto para aprender a transpor obstáculos.

Depois de dois anos e meio no Japão, resolvi voltar para o Brasil. Eu tinha conseguido poupar uma quantia que, para a minha idade de 21 anos, era muito boa. Consegui comprar duas casas, tornei-me sócio de uma locadora de vídeos e de uma danceteria. E foi aí que levei meu primeiro grande tombo. Esse último negócio me custou muito: tive que fechar a danceteria e também vender minha sorveteria, vender a sociedade na locadora e vender uma das casas. Voltei praticamente para a estaca zero, sem dinheiro e ainda com dívidas. Tudo o que eu tinha construído desde meus dezessete anos perdi em apenas um ano. Senti o gosto do fracasso, senti que tinha que começar tudo de novo. Naquela época, não tive muita escolha: eu estava bastante abalado, sem alternativas, e então resolvi voltar ao Japão para recomeçar, aos 22 anos. Trabalhei mais dois anos somente para pagar dívidas. Mas logo voltei a empreender.

Como a comunidade brasileira no Japão era grande, na época com aproximadamente 420 mil brasileiros, vi nisso uma oportunidade. Pensei em fazer algo para esse público e imaginei uma revista com conteúdo em português e distribuição gratuita. O objetivo era vender anúncios para empresas voltadas para os brasileiros – na época eram mais de 380 empresas brasileiras instaladas no Japão. Lancei-me nesse desafio e falhei novamente.

Naquele momento, aprendi uma nova lição: *não basta apenas querer empreender. É preciso ter conhecimento e desenvolver as habilidades necessárias.* E esse era um ganho que, uma vez adquirido, era irreversível, porque bens você ganha e perde, empresa você abre e fecha, mas o conhecimento adquirido sempre vai acompanhá-lo, sempre vai expandir o seu potencial. E foi isso que eu fui buscar, baseando-me na frase eternizada por Benjamin Franklin: *"Investir em conhecimento rende sempre os melhores juros".*

Foi essa conscientização que levou, finalmente, à minha expansão de mindset. Na busca incessante pelo conhecimento, me tornei um leitor assíduo, lia uma média de doze livros por ano. Investi em treinamentos com as melhores instituições de educação executiva do Japão, como a Toyota Enterprise, JAL Academy e a Door Training. Fui estudar PNL (programação neurolinguística) com seu criador, Richard Bandler, em Barcelona, na Espanha.

Voltei várias vezes ao Brasil para investir em treinamentos, também passando por FGV, INSPER, ESPM, Dale Carnegie Training, e participando de seminários com alguns gurus internacionais como Jordan Berfort (*O lobo de Wall Street*), Richard Bandler (cocriador da PNL), Robert Cialdini (PhD em persuasão), Kevin Harrington *(SharkTank),* Brian Tracy (PhD em coaching), Chris Gardner, Robert Kiyosaki *(Pai rico, pai pobre),* George H. Ross (conselheiro do Donald Trump), dentre outros *players* nacionais e internacionais.

Estudei pesquisadores de grande sucesso como Theresa Cheung, T. Harv Eker, Spencer Johnson, Kenneth Blanchard, Allan Pease, OGMandino, Dale Carnegie, John Gray, Mark Fisher, Napoleon Hill, Jack Welch, Pierre Weil, Roland

Tompakow, Jo-Ellan Dimitrius, Brian Tracy, Joseph Murphy, Anthony Robbins, James Hunter, Sun Tzu, Brendon Burchard, John C. Maxwell.

Assim, buscando conhecimento nas grandes instituições de educação, estudando os mapas dos vencedores e modelando os comportamentos de pessoas foras de série, compreendi que é mais fácil e mais inteligente aprender sobre sucesso com quem já chegou lá.

Enfim, fiz as minhas escolhas, e elas fizeram o que sou hoje. Apliquei em minha vida, muitas vezes, o método da modelagem de pessoas de sucesso e posso afirmar, sem sombra de dúvida, que funciona. Funcionou para mim e vai funcionar para você.

Hoje me considero um empresário bem-sucedido no segmento do mercado imobiliário, estando presente em mais de quarenta cidades em nove estados do Brasil. Abracei um novo objetivo, maior e que vai além do meu próprio sucesso. Meu propósito de vida, meu ideal hoje, é provocar nas pessoas a vontade, a determinação e a energia para fazer as mudanças necessárias e produzir uma virada positiva em suas vidas. Quero despertar, inspirar, motivar e mostrar a você que existe um caminho, uma possibilidade real de vencer, de se desenvolver, tornar-se um *expert*, um especialista em sua área, ganhar muito dinheiro e ser bem-sucedido.

Resolvi escrever este livro, juntamente com o Janguiê e o José Roberto, com o propósito de ajudar o maior número possível de pessoas a trilhar sua jornada para o sucesso e tornar sua vida mais produtiva, feliz e completa, atingindo seus objetivos tão sonhados.

Tenho plena certeza de que se você incorporar na sua vida essa filosofia da modelagem e praticá-la com seriedade também alcançará seus objetivos. O desafio da vida está aí para ser vencido. Agarre essa oportunidade com força, vontade e determinação e siga em frente. Tenha sempre em mente que os tropeços surgirão, mas não o derrotarão se você tiver em mente este pensamento: *"Quando perder a aposta, não perca a lição"*.

A hora é agora! Faça acontecer. Só depende de você.

Agradecimentos

Esta obra foi construída basicamente modelando os exemplos dos muitos homens e mulheres de sucesso que vêm construindo nosso país e que nos concederam o benefício de dividir conosco seus conhecimentos e sua experiência. Cada um deles tem sido um referencial e um modelo para um número enorme de novos empreendedores. E agora serão também para você.

Queremos registrar aqui os nossos agradecimentos às pessoas que abriram seus cofres de ricas experiências para que pudéssemos com elas embasar esta obra, e também àqueles que participaram das nossas pesquisas, direta ou indiretamente. Foram centenas de conversas e outro tanto de pesquisas, de modo que seria impossível relacionar todos os nossos colaboradores aqui neste capítulo.

Entretanto, queremos deixar aqui a nossa gratidão especial pela atenção que recebemos de muitos empreendedores e pessoas de sucesso que contribuíram grandemente e muito de perto para a composição e valorização desta obra. São eles:

Alexandre Taleb: consultor de imagem e estilo masculino, figura pública de renome, com livro, cursos e palestras no Brasil e no exterior.

Alfredo Soares: um dos maiores nomes do e-commerce brasileiro. Head Global SMB da VTEX, multinacional brasileira de soluções em e-commerce.

Antonio Camarotti: empreendedor, CEO e Publisher da BPP Publicações e Participações.

Arnaldo Xavier: fundador da Rota do Mar, maior empresa de confecções do estado de Pernambuco.

Bruno Pinheiro: empreendedor, CEO e fundador da Be Academy.

Caio Carneiro: empreendedor que ficou milionário aos 25 anos e autor do best-seller *Seja foda* (Buzz Editora, 2017).

Candido Pinheiro: criador do Hapvida, plano médico líder no Nordeste, com alta penetração nas classes C e D.

Carol Paiffer: CEO da Atom, atua no mercado de *traders* e ensina pessoas a empreender nessa seara.

Chaim Zaher: um dos grandes nomes da educação brasileira. Fundou o Grupo SEB, que oferece sistemas de ensino, e a escola Concept, uma das mais modernas e inovadoras do Brasil.

Christian Barbosa: autor e palestrante especialista em produtividade e gestão do tempo.

Dan Cockerell: durante 26 anos foi colaborador da Disney, até chegar à vice-presidência do Magic Kingdom.

Edilson Lopes: considerado um dos maiores especialistas em vendas e estratégias do Brasil. É fundador do grupo KLA.

Ernesto Haberkorn: sócio da Totvs e da SOL (School of Life).

Fábio Coelho: figura recorrente na lista dos melhores CEOs do Brasil da revista *Forbes*.

Fernando Scherer: ex-atleta brasileiro campeão de natação.

Fernando Seabra: especialista em negócios, inovação e startups, é líder do GRI – Grupo de Relacionamento com Investidores do Departamento da Micro, Pequena, Média Indústria e Acelera FIESP.

Flávio Augusto: fundador da Wise Up, escola de inglês.

Flávio Rocha: comanda as Lojas Riachuelo.

Gabriel Mário Rodrigues: fundador da Universidade Anhembi Morumbi.

Geraldo Rufino: ex-catador de latinhas e hoje fundador e presidente do conselho da Jr Diesel, a maior empresa da América Latina em reciclagem e desmontagem de veículos.

Gisele Paula: fundadora do Instituto Cliente Feliz e cofundadora do ReclameAQUI, autora de *Cliente feliz dá lucro* (Buzz Editora, 2021).

Gustavo Accioly: presidente da Kook, marca de temperos especiais.

Gustavo Caetano: fundador da Samba Tech, líder em gestão e distribuição de vídeos on-line na América Latina e uma das empresas mais inovadoras do mercado.

Halim Nagem: responsável pelas empresas Nagem, que se baseiam na inovação para a seleção de produtos oferecidos.

Helinho Calfat: um dos influenciadores mais requisitados por diversas marcas de todo o Brasil. Suas redes sociais alcançam mais de trezentas mil pessoas, homens e mulheres, das classes A,B e C.

Hortência: ex-jogadora de basquete, campeã mundialmente reconhecida.

Ivan Moré: jornalista, repórter e apresentador brasileiro com uma trajetória de mais de vinte anos na TV brasileira.

João Appolinário: fundador e CEO da Polishop.

João Kepler: especialista em empreendedorismo, investidor-anjo e reconhecido como o palestrante mais sintonizado com a inovação e a convergência digital no Brasil.

Laércio Cosentino: CEO da Totvs S.A, empresa que é líder no mercado brasileiro de ERPs e é considerada a maior empresa de software da América Latina.

Leda Nagle: jornalista, escritora, atriz e apresentadora, com grande sucesso na televisão brasileira.

Lírio Parisotto: fundador da empresa Videolar.

Luiz Augusto Corrêa: fundador da Agência Um, líder de mercado no norte e nordeste e recordista do Prêmio Colunistas Norte-Nordeste.

Luiz do Brownie: Luiz Quinderé, dono da empresa e da marca Brownie do Luiz.

Luiz Fernando Garcia: escritor, terapeuta especializado em donos de negócios, palestrante, professor e empreendedor.

Marc Tawil: jornalista, comentarista da Rádio Globo, colunista da *Época Negócios* e Top Voice do LinkedIn, além de empreendedor e Head da Tawil Comunicação.

Marcelo Cherto: um dos maiores especialistas em franquias do Brasil.

Marcelo Ortega: escritor, palestrante internacional com mais de vinte anos de atuação em todo o Brasil, atingiu também reconhecimento em outros países, como Paraguai, Argentina, México, Uruguai e Chile.

Mário Spaniol: fundador e presidente da Carmen Steffens, grife de bolsas e calçados mais famosos do mundo.

Mario Yamasaki: dono de uma rede de academias nos Estados Unidos, também atua na área da construção civil e foi o primeiro árbitro brasileiro a fazer parte do UFC.

Murilo Gun: palestrante, aborda a importância da criatividade no empreendedorismo e também para o desenvolvimento das crianças.

Nelson Freitas: ator, produtor e humorista consagrado na TV brasileira.

Nizo Neto: ator, comediante, dublador, ilusionista, redator, radialista e escritor brasileiro, consagrado na TV brasileira.

Oséias Gomes: empreendedor e escritor, especialista em gestão de pessoas. Fundador da Odonto Excellence Franchising.

Pedro Lima: presidente do Grupo 3 Corações, líder do segmento de cafés no norte/nordeste e um dos maiores do Brasil.

Pyong Lee: youtuber, mágico, hipnólogo e profundo conhecedor da mente humana. Possui o maior canal de hipnose do mundo, com mais de 4 milhões de inscritos.

Renan Correia: CEO da 4FitClube.

Renato Saraiva: fundador do CERS Cursos On-line, considerado atualmente um dos maiores cursos preparatórios para concursos no Brasil.

Ricardo Almeida: estilista, é referência na alta-costura masculina. As roupas que sua marca produz vestem grandes nomes nacionais e internacionais.

Ricardo Bellino: empreendedor, escritor, autor de vários livros de sucesso. Empreendedor serial, é também mentor de empreendedores.

Roberto Justus: investidor, administrador, publicitário, empreendedor e apresentador de televisão.

Roberto Shinyashiki: escritor e palestrante. Em suas palestras, fala sobre carreira, liderança e mundo corporativo.

Robinson Shiba: dono da Rede *fast food* China in Box e do Gendai, é um dos integrantes do programa Shark Tank do canal Sony.

Rodrigo Cintra: profissional da beleza, com forte atuação no meio televisivo. Cabeleireiro com longa carreira, tendo passado pelos salões mais renomados do Brasil.

Ronaldinho Gaúcho: ex-jogador de futebol, já passou por grandes times por toda parte do mundo. Atualmente é investidor de empresas de tecnologia e startups.

Sandra Janguiê: empreendedora educacional, fundadora da Escola Conecta, que traz o conceito de ser uma escola de pensamento global. O empreendimento defende a educação como forma de despertar o empreendedorismo e o pensamento inovador.

Sérgio Moura: presidente do Grupo Moura, potência internacional na produção de baterias elétricas.

Tallis Gomes: criador do Easy Taxi, um dos primeiros aplicativos de táxis do mundo. Responsável pela Singu, uma plataforma de serviços de beleza que se destacou no mercado.

Thiago Nigro: educador financeiro e youtuber, idealizador do projeto "O Primo Rico", canal do YouTube, onde ensina sobre finanças.

Wendel Bezerra: dublador e ator, com grande projeção no cenário nacional.

Wesley Safadão: além da carreira artística, como cantor e compositor, Wesley investe também em áreas como entretenimento, moda e gastronomia.

A todos, agradecemos imensamente por compartilharem o conhecimento adquirido ao longo da jornada de vida de cada um.

OS AUTORES

Fontes TIEMPOS, STOLZL
Papel ALTA ALVURA 90 G/M^2